BRAVO - 0810

Matias Eli

BRAVO - 0810
A busca de um sonho ao redor do mundo

© 2017 - Matias Eli
Direitos em língua portuguesa para o Brasil:
Matrix Editora
www.matrixeditora.com.br

Diretor editorial
Paulo Tadeu

Capa, **Projeto gráfico e diagramação**
Allan Martini Colombo

Revisão
Silvia Parollo

CIP-BRASIL - CATALOGAÇÃO NA PUBLICAÇÃO
SINDICATO NACIONAL DOS EDITORES DE LIVROS, RJ

Eli, Matias
Bravo 08-10: a busca de um sonho ao redor do mundo / Matias Eli. - 1. ed. - SãoPaulo: Matrix, 2017.
il.

ISBN 978-85-8230-418-1

1. Eli, Matias. 2. Velejador - Brasil - Biografia. 3. Viagens marítimas. I. Título.

17-43595
CDD: 910.45
CDU: 910.4

SUMÁRIO

Capítulo 1
O pesadelo 8

Capítulo 2
All in 10

Capítulo 3
O plano de navegação 20

Capítulo 4
Os primeiros caldos 28

Capítulo 5
De sonhador a banqueiro 37

Capítulo 6
Ajuste na rota 42

Capítulo 7
Do Rio de Janeiro ao Espírito Santo 46

Capítulo 8
De Vitória a Gamboa..................................... 52

Capítulo 9
De Salvador a Fortaleza 65

Capítulo 10
A primeira grande travessia: de Fortaleza a Grenada...... 70

Capítulo 11
A travessia do Mar do Caribe............................ 82

Capítulo 12
Canal do Panamá, Galápagos e Marquesas 95

Capítulo 13
Lua de mel 110

Capítulo 14
Momentos de desespero em Fiji 123

Capítulo 15
As portas do Oceano Índico 139

Capítulo 16
De Cocos Keeling à La Réunion 152

Capítulo 17
A mãe de todas as tempestades......................... 162

Capítulo 18
A última travessia 177

Agradecimentos... 183

Para Carol, Marina e Sofia,
os três únicos motivos do meu regresso.

CAPÍTULO 1
O pesadelo

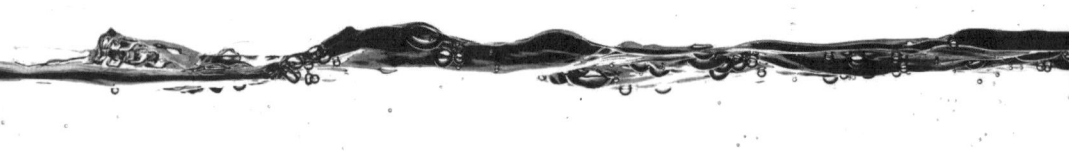

    Eram 3 horas da madrugada, e eu dormia na cabine do Bravo. O barco era conduzido pelo leme de vento, que mantinha um rumo constante em relação à direção do vento e das ondas. Acordei assustado com um solavanco e um barulho intenso. Era o som de um estouro. Em questão de segundos me dei conta de que não estava deitado no colchão, mas, sim, na antepara da cabine. Em outras palavras, eu estava deitado na parede.
    O Bravo estava deitado, e o mastro de 22 metros, que deveria estar apontando para o céu, estava mergulhado nas águas revoltas do Oceano Índico havia pelo menos três dias de viagem de Madagascar, o ponto em terra firme mais próximo da minha localização. Eu ainda tentava entender o que estava acontecendo, quando uma chuva de objetos caiu sobre mim. Tive a impressão de me transformar num ímã, atraindo panelas, livros e talheres. Tudo que havia na cabine, que somava o peso de toneladas, estava em movimento. Enquanto os objetos voavam, a água jorrava em quantidades absurdas para dentro do barco.

Eu estava assustado e sozinho e tive a certeza de que o mastro havia se partido. Alguns segundos depois, para o meu alívio, o veleiro endireitou. Fui verificar o que estava acontecendo do lado de fora da cabine, e foi com certo alívio, apesar do cenário desolador, que constatei que o mastro continuava em pé. Fazia muito frio e o vento estava tão forte que era impossível olhar contra a ventania, pois a água do mar machucava os olhos.

Na escala Dufour, que mede a intensidade dos ventos, eu estava sendo varrido por uma força eólica próxima à de um furacão. Não consegui precisar a força do vento porque a estação de medição, que ficava no topo do mastro, tinha sido varrida pelo mar, mas estimo que superava os 60 nós. As cristas das ondas eram varridas da base e chovia água salgada na horizontal. O barulho era infernal. Nunca havia presenciado um fenômeno como aquele.

Além disso, as ondas passavam dos 12 metros de altura. Eram prédios que se moviam e, ao se encontrarem, formavam pirâmides aquáticas. Voltei para o interior do barco achando que o pior havia passado, mas aí a situação desceu alguns degraus na "escala do desespero": as madeiras do assoalho estavam flutuando e a bomba de água trabalhava sem parar.

Se o barco estivesse afundando, teria que embarcar na balsa salva--vidas, torcendo para ser resgatado antes de morrer de hipotermia devido ao frio intenso – uma alternativa não muito tentadora.

Mas não havia opção. Peguei a sacola à prova d'água e deixei tudo pronto para abandonar o Bravo. Guardei o telefone satelital (com o qual poderia chamar por socorro), GPS manual (para saber minha localização) e algumas pilhas. Adicionei duas garrafas de água, o meu passaporte e fechei a sacola. Apesar da preocupação, isso me deu certa tranquilidade. Pensei: "Peço um resgate, vai demorar para chegar porque vão ter de esperar o tempo melhorar, mas alguém virá me buscar e logo vai ficar tudo certo".

CAPÍTULO 2

All in

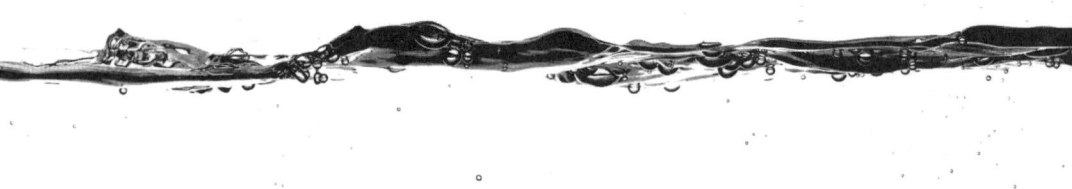

Dois anos e nove meses antes do episódio descrito anteriormente, eu estava em São Paulo, em uma festa na casa dos meus amigos Bia e Pedrão. Em meio aos convidados, eu não conseguia curtir o momento. Uma ideia fixa ocupava a minha mente: a perspectiva de vender, de uma vez, todas as ações do banco Macquarie, no qual eu era o principal executivo no Brasil. Era o último dia para realizar aquela operação. Na verdade já era noite, mas meu prazo ainda não havia acabado. Afinal, na Austrália a manhã apenas começava.

Em silêncio, tentava racionalizar o meu dilema: "O meu objetivo não era juntar o valor que já atingi? Pois consegui. E agora? Vou realizar o meu maior sonho, que é viver a bordo de um barco? Será que meu plano faz sentido? Posso ganhar mais se esperar apenas um pouco. Mas será que posso mesmo? E se a crise piorar?". As ações do banco chegaram a valer AUD 30 (dólar australiano) e depois atingiram o pico de AUD 120. Naquela noite estavam em AUD 80. Se eu esperasse alguns meses, talvez voltassem a subir e o meu ganho seria maior. Mas ninguém podia garantir que elas retomariam a valorização anterior. Uma coisa era certa: vendendo minhas ações a AUD 80, meu patrimônio seria suficiente para não mais precisar me preocupar com dinheiro dali em diante.

Então fui para o quintal e liguei para a Austrália, onde ficava a matriz do banco:

– Dá tempo de vender as minhas ações?
– Sim – a atendente respondeu. – Acabamos de abrir.
– Então vende. Vende tudo.

Aquela frase significava que o dinheiro estaria na minha conta em alguns segundos. E que eu estaria financeiramente pronto para viver algo para o qual tinha me preparado havia anos: morar em um barco. Naquele momento, não senti alívio nem frio na barriga. O sentimento foi de realização.

Era 12 de fevereiro de 2008. Eu tinha 38 anos. Após a venda das ações, seguiria como executivo do banco, mas agora a perspectiva era outra. Se alguém me enchesse muito o saco ou se escutasse algo que não estivesse disposto a engolir, poderia dizer tranquilamente: "Tchau".

Com essa certeza em mente, segui cumprindo minha rotina.

Logo depois de vender as ações, uma cena era recorrente: domingo à noite em São Paulo, a TV sintonizada no *Fantástico* e uma caixa redonda da pizzaria da esquina, cheia de caroços de azeitona largada sobre a mesa, completando um cenário deprimente. A semana que estava por vir tinha tudo para ser péssima. Alguns clientes importantes mostravam sinais de que não conseguiriam honrar seus compromissos em função dos problemas econômicos que haviam começado nos Estados Unidos.

A quebradeira teve início no fim de 2007, com alguns créditos podres no mercado imobiliário americano. Rapidamente a crise se espalhou pelo mercado agrícola, levando à lona a maior parte dos clientes do banco no qual eu trabalhava no Brasil. Em menos de um mês, o resultado recorde que havíamos atingido no ano evaporou. Os prejuízos somavam vários milhões de dólares.

Um caso emblemático foi o de uma grande comercializadora de soja, uma das mais tradicionais do estado de Goiás que, em abril de 2008, levou um tombo na Bolsa de Chicago. Durante anos, operamos com essa grande empresa de origem familiar e de reputação irretocável. A solidez financeira e o modelo de negócio impressionavam os outros bancos que, assim como o nosso, se acotovelavam para oferecer todo tipo de produto financeiro a esse cliente. Mas a crise dos Estados Unidos levou a promissora empresa à beira da falência. Em abril daquele ano, a companhia pediu recuperação judicial e, mais tarde, renegociou a dívida.

Apesar do sono atrasado, eu não conseguia dormir direito. As conferências telefônicas aconteciam depois das nove da noite e, com frequência, tinha que programar o despertador para tocar às duas ou três da manhã, para falar com alguém na Austrália. Quando chegava o fim de semana, eu mal tinha energia para dirigir até Ubatuba[1], onde descansava o meu veleiro ao qual dei o nome de Bravo.

Aquela não era a primeira crise que eu enfrentava. Passei por algumas ao longo de minha carreira. Por exemplo, a crise do México, que ficou conhecida como Efeito Tequila, em 1994. Teve motivações políticas, como o assassinato do candidato à presidência Luis Colosio, mas o principal fator foi o forte desequilíbrio econômico. O governo Salinas atrelou o peso ao dólar. Além disso, havia déficit na balança de pagamentos, especulação financeira e fuga de capitais.

Em outubro de 1997, a Bolsa de Hong Kong despencou como consequência de uma crise na Ásia. Em meados daquela década, os salários praticados em Hong Kong, Singapura, Coreia do Sul e Taiwan (os chamados Tigres Asiáticos) haviam aumentado a ponto de prejudicar a competitividade. A China, que pagava salários menores, absorveu uma parte relevante das exportações desses países. Os Tigres, então, foram obrigados a desvalorizar suas moedas.

Um ano depois, em 1998, houve a crise da Rússia, que provocou fuga de capitais. Nesse contexto, o governo russo não conseguiu pagar as dívidas externa e interna. A situação culminou em um pacote do governo com medidas, como a desvalorização da moeda local – o rublo – e a moratória parcial da dívida externa.

Em 2001 foi a vez da Argentina. Depois de uma década de estabilidade e aparente prosperidade alcançadas com o câmbio artificialmente fixo, o país declarou moratória em 23 de dezembro do mesmo ano. O calote da dívida externa pública representava o maior da história: US$ 102 bilhões.

Além das crises externas, eu já havia passado pelas constantes desvalorizações da moeda e choques na economia brasileira. Mantinha sempre um olho no momento atual, na gestão da crise propriamente dita,

---

1 Praia no litoral norte do estado de São Paulo.

e o outro no meu objetivo pessoal: largar tudo e viajar a bordo de um veleiro. Sem compromissos, navegando sem saber exatamente para onde, ancorando em alguma praia paradisíaca pelo tempo que quisesse. Sem me preocupar com nada, a não ser com a casa flutuante ou, como me disse certa vez a minha mãe, com o "meu mundo de 45 pés".

A crise de 2008 era diferente de todas as outras. Da perspectiva econômica, aquele era um dos piores momentos dos últimos cem anos e o pior do mundo globalizado. Da minha perspectiva pessoal, porém, aquela era uma das épocas mais positivas que eu havia experimentado. Afinal, estava o mais próximo que já estivera de realizar um sonho.

O fato de ter finalmente alcançado minha independência financeira mudava totalmente a forma de encarar o cenário ao redor. Tornava-me, de certa maneira, impermeável para os problemas externos, protegido das adversidades econômicas. Havia atingido o ponto de inflexão a partir do qual, segundo as minhas contas, poderia parar de trabalhar e manter a mim e a minha família vivendo a bordo do veleiro Bravo sem precisar me preocupar com dinheiro. Se aplicados em investimentos que me dessem um retorno de 10% ao ano, os recursos renderiam o suficiente para pagar as contas – e ainda manter o capital atualizado frente à inflação.

Chega!

Três meses depois de ter vendido as ações, pedi demissão. Não foi uma atitude planejada. Apenas cheguei ao meu limite diante de uma situação que vinha se agravando no banco havia alguns meses, tirando meu sono e minha saúde. Sabia que, se não tomasse a iniciativa de sair, seria "saído". Preferi me antecipar e tinha um bom motivo para isso.

Em 2007, alguns meses antes de a crise americana estourar, os sinais de que a economia não ia bem já chegavam ao nosso setor. Negociávamos no "mercado futuro", isto é, com base na produção agrícola que seria colhida no ano seguinte, o que nos concedia uma visão antecipada dos fatos. O cheiro de encrenca preocupava em um momento que, em função da boa fase econômica vivida anteriormente, o banco havia concedido muito crédito às empresas clientes. Agora, elas davam sinais de que não poderiam honrar seus compromissos.

Algumas, como a comercializadora de soja de Goiás, simplesmente não podiam pagar em dinheiro. Outras, no entanto, revelavam a intenção de fraudar os acordos, impossibilitando o acesso às garantias alternativas de pagamentos combinadas em contrato. Foi o caso de um grande produtor de algodão, sediado no Mato Grosso.

O banco havia emprestado dinheiro para ele, como em outras ocasiões, até então sem prejuízo. Agora, porém, ele não queria pagar. O contrato cedia o próprio algodão produzido como garantia. Mas ele não entregava a mercadoria. Quando ficou claro que agia de má-fé, teve início uma briga jurídica e policial. Eu discutia a estratégia com meu chefe, mas, como principal executivo do banco no Brasil, era o responsável por tentar recuperar o máximo possível daquele prejuízo.

Mais do que batalhar em nome da empresa, para mim aquilo virou uma questão de honra. Não gosto nem sei lidar com condutas desleais – e o empresário usava justamente essa arma. Ele subornava autoridades, como policiais e juízes, para descumprir o contrato. Portanto, não conseguíamos ter acesso aos produtos oferecidos em garantia nem mesmo com a lei a nosso favor.

Levei aquela situação ao limite. Durante cerca de três semanas, me instalei em um hotel em Rondonópolis, no Mato Grosso, montei uma equipe de investigação e passava dia e noite cercado por seguranças (afinal, a situação estava grave). Andava pelas fazendas da região tentando encontrar uma maneira de resgatar o algodão que era de direito do banco. Minhas camisas ficavam sujas pela terra local. O empresário, por sua vez, tinha uma estrutura completa para dificultar o meu trabalho, que incluía capangas que sumiam com a mercadoria de madrugada – eles me mandavam recados ameaçadores, como: "Falaram para você tomar cuidado".

Eu estava obcecado em resolver aquela situação, mas voltei para São Paulo sem tê-lo feito. Deparei-me ainda com outros problemas que começavam a explodir em função da crise iminente.

Meu nível de estresse disparou e atingiu seu pico em uma tarde de trabalho. Comecei a sentir um intenso mal-estar físico e falta de ar. Senti vontade de deitar no chão – e deitei. Mas não resolveu. As pessoas em volta estavam preocupadas. Então, fui para o pronto-socorro. O diagnóstico foi "apenas" estresse.

Toda aquela saga do algodão, que culminou no meu "piripaque", me levou a uma reflexão sobre o que seria minha vida nos anos seguintes.

A instituição procurava um bode expiatório para aquela situação desfavorável. É sempre assim. O primeiro escolhido para assumir esse papel no banco foi o executivo que se reportava a mim – e que, portanto, não havia feito nada sem que eu não tivesse assinado embaixo. Não era justo só ele ir embora. Falei isso com todas as letras para o meu superior e, ao fazer isso, sabia que havia colocado "o meu na reta". Estava claro que poderia ser desligado da empresa a qualquer momento.

A verdade é que eu não queria ser mandado embora, talvez por uma questão de orgulho. A meu favor, porém, havia um plano B montado e, por uma feliz coincidência, tinha dinheiro suficiente para, naquele momento, transformá-lo em plano A – e dar um belo tchau para o banco.

No dia 1º de maio de 2008 – ironicamente, feriado pelo Dia do Trabalho – comuniquei a minha saída da empresa. Mais precisamente, mandei um executivo de crédito pastar. Ele insistia em querer ouvir uma resposta que eu não tinha para lhe dar e não demonstrava nenhum apreço pelo trabalho que vinha sendo feito por mim e pela minha equipe. Apesar do atrito, continuei trabalhando por mais dois meses, junho e julho, preparando a minha saída. Ao fim desse período, finalmente, eu estava livre. Mais dois meses e o banco americano Lehman Brothers pediria falência, instaurando oficialmente a crise econômica mundial. Apesar de estar até aquele momento inserido no mercado financeiro, nunca me vi como um "colecionador de dinheiro". Prefiro, na verdade, colecionar experiências.

Viagem de família

Carolina, minha mulher, soube que eu havia pedido demissão na noite daquele 1º de maio, quando cheguei em casa. Claro que ela já sabia que isso poderia acontecer a qualquer momento e que estávamos preparados para isso – ao menos do ponto de vista material. Ela, mais do que ninguém, acompanhava o meu estresse no trabalho e o meu desejo de começar a viagem, alimentado a cada fim de semana que eu ia até Ubatuba curtir o Bravo. O foco dela, porém, era outro. Sua atenção estava quase que completamente voltada para as nossas filhas: Marina, que tinha 2 anos, e Sofia, com poucos meses de vida.

Carol não era apaixonada pela vida náutica e, para ela, aquele não era o melhor momento para mudarmos para o barco, em função de as meninas serem muito novas. Mas isso não era motivo de briga nem a impediu de topar a aventura. Não sei se haveria algum momento que, aos seus olhos, seria o ideal. A viagem estava decidida. Dei-me o prazo de três meses para partir. A família toda iria morar num barco.

A relação da Carol com a vela começara junto com o nosso namoro, em 2001. Eu já velejava, e a levava algumas vezes para passear no barco do meu pai, já que ainda não tinha o Bravo. Certa vez, antes de casarmos, alugamos um veleiro no Caribe e ficamos lá por alguns dias. As circunstâncias eram as melhores possíveis: paisagem incrível, água azul transparente, início de namoro. Às vezes ela enjoava a bordo, mas nada que impedisse de ficar comigo nos fins de semana e em outros momentos esporádicos.

Morar em um barco seria diferente, é claro. Sabíamos disso, mas apenas na teoria, ainda não na prática. O plano carregava em si um peso difícil de mensurar. Uma vez que saí do banco, começamos efetivamente a preparar a viagem. Cogitamos vender a casa em que morávamos em São Paulo, mas resolvemos alugar. Embora o projeto fosse sólido na minha cabeça, havia certa insegurança no ar sobre o que poderia acontecer depois. Lembro que telefonei para um velejador, ex-executivo que acabava de chegar de uma volta pelo Oceano Pacífico. Não o conhecia até então, mas soube que, assim como eu, ele pedira demissão para realizar o seu sonho. Enquanto eu me preparava para encarar o mar, ele já estava de volta ao mundo corporativo. Perguntei a ele: "Como é ter que voltar ao mercado depois da viagem?". Lembro que a resposta dele não foi esclarecedora. Ele disse não ter tido dificuldades, dando a entender que havia sido normal voltar ao mercado – isso me soou esquisito na hora, e ainda mais depois que tive a minha experiência. Com tantos temas para perguntar, fui focar justamente no retorno. Não fiz perguntas sobre a educação das crianças, trajeto, abastecimento ou outras informações técnicas que poderiam ajudar um novato como eu. Sabia que a realização do meu projeto era difícil, mas perfeitamente possível.

O que tirava meu sono era ter que voltar a vestir terno e usar gravata depois do meu regresso.

Organizamos a saída das meninas da escola e pesquisamos opções de ensino a distância. Visitamos diversos médicos, que nos ajudaram a montar uma caixa de primeiros socorros mais robusta do que as convencionais. Tínhamos, por exemplo, receitas para comprar remédios que normalmente não compraríamos se não houvesse indicação. Precisávamos nos prevenir o máximo possível para não tornar aquela experiência mais desafiadora do que já seria naturalmente. Havia momentos em que a Carol questionava: "Vamos fazer isso mesmo? Que loucura!". Sim, era a resposta.

O momento da minha saída do banco foi de grande comemoração. Tínhamos dinheiro aplicado e um plano traçado. Então, estava tudo certo. Depois de tanto estresse, eu me sentia feliz da vida. Enquanto a crise econômica apertava e preocupava muitas pessoas, eu celebrava minhas perspectivas particulares.

A satisfação pessoal que sentia não me impediu de ser chamado de egoísta, inconsequente, irresponsável e louco por muita gente, quando a única coisa que buscava era a realização de um sonho que até então tinha sido o combustível da minha vida. Mas isso era problema dos outros, não meu.

O primeiro mergulho

Ao deixar a rotina do banco, inverti as prioridades: passava a maior parte dos dias úteis em Ubatuba e alguns fins de semana em São Paulo. Dedicava-me aos preparativos da viagem e à manutenção do barco. Eu tinha uma equipe de profissionais – marceneiros, marinheiro e eletricistas – executando o trabalho, mas gostava de acompanhar.

Aquele foi um período muito bacana da minha vida. Fui de um mundo ao outro em alguns meses. Antes, eu começava a semana preocupado com questões relacionadas a milhões de dólares. De repente, a maior preocupação às segundas-feiras era comprar parafusos para o veleiro. Era um contraponto radical ao estilo de vida anterior. Foi uma fase em que me senti realmente livre. Decidia na hora o que gostaria de fazer em seguida, sem compromisso com os outros. Apenas cumpria os combinados comigo mesmo. Meus traumas com as noites de domingo desapareceram rapidamente e, em agosto de 2008, fomos todos, Carol, Marina, Sofia e eu, para Ubatuba.

Colocamos no carro nossas bagagens, que ocupavam todo o espaço possível. Passaríamos os meses seguintes terminando os últimos ajustes antes da partida. Enquanto eu acompanhava os trabalhos com os torneiros e eletricista, a Carol contava com a ajuda da cozinheira da marina na hora de dar o almoço para as meninas em meio àquela situação precária – o barco, nossa nova casa, estava de cabeça para baixo.

Antes de partir, fizemos um churrasco com o pessoal que trabalhou no barco, na garagem do eletricista Ivan. A Sofia engatinhava no chão sujo e brincava com parafusos e porcas cheias de graxa. Nessa hora, a Carol pensou: "Se ela não ficar doente agora, não fica mais!".

Deixamos a marina em direção à Praia do Flamengo. Fomos recebidos por um senhor que ofereceu sua casa para darmos banho nas meninas. Aceitamos e, em seguida, navegamos rumo à Praia do Presídio, no Parque Estadual de Ilha Anchieta, ainda em Ubatuba. É um lugar lindíssimo da nossa costa, onde a pesca e a caça são proibidas. Passamos a noite ali. No dia seguinte, fomos até Picinguaba, praia na divisa entre São Paulo e Rio de Janeiro, onde enfrentamos vento forte.

Ficamos alguns dias por ali, em um clima de adaptação à nova realidade. A família da Carol foi nos visitar – sua mãe, irmão e namorado passaram conosco o dia 10 de outubro, aniversário de 3 anos da Marina. Fizemos uma festa em um hotel e, naquela noite, a Carol resolveu dormir com eles. Dormi sozinho no barco e confesso que a situação me fez pensar em como seria o restante da viagem com toda a família. O que eu mais queria era estar com todas as minhas mulheres no barco. Mas sabia que não seria uma experiência fácil para elas. Eu tinha pressa para soltar as amarras e começar, de fato, a viagem. Mas a Carol se recusava a partir se o clima não estivesse favorável. Ela falava: "Não preciso sair. Só vou sair se a previsão do tempo estiver boa. Eu só não quero passar perrengue".

A previsão do tempo não era das melhores, mas eu estava seguro para seguir até Parati. Decidimos que eu ia de barco, e a Carol, de carro, com as crianças e o resto da família.

Depois de alguns dias, a mãe, o irmão e o cunhado da Carol voltaram para São Paulo, e nós seguimos de barco para Ilha Grande, no município de Angra dos Reis, no estado do Rio de Janeiro. E a nossa vida em família dentro de um barco começou oficialmente, sem visitas.

O momento em que se soltam as amarras para uma viagem como essa costuma ser cheio de simbolismos, pois pontua não apenas o início da jornada, mas também a ação após uma tomada de decisão. Apesar da insegurança com a partida, da dificuldade de adaptação da família no barco (ainda mais com o barco em obras), do descrédito e das críticas aqui e acolá, a decisão havia sido tomada anos atrás. A minha maior preocupação não era enfrentar as dificuldades da viagem, mas, sim, acabar adiando indefinidamente a partida, na tentativa de encontrar o momento perfeito. Tenho alergia à ideia de me esconder atrás da busca pela excelência quando, na verdade, se está procrastinando uma atitude por medo da incerteza. Pensava em tudo isso enquanto tirava meu plano do campo das ideias e o tornava realidade.

Chovia sem parar. Passávamos o dia trocando fraldas, limpando vômito de criança ou cozinhando "papinha" de neném na panela de pressão, o que fazia a temperatura a bordo passar dos 37 graus – e o verão ainda estava longe! A Sofia era alérgica a conservantes, e a comida dela tinha de ser feita na hora e com produtos naturais. Um verdadeiro desafio para quem mora numa casa flutuante, e definitivamente uma mudança radical para quem está acostumado com a vida na cidade e todas as suas comodidades: médicos, hospitais, shoppings, cinemas, babás, empregadas, escola, família, entre muitas outras.

Aqueles primeiros dias já indicavam um importante aprendizado que eu teria durante a viagem. Uma coisa era o que eu idealizava, e outra, totalmente diferente, era a realidade. A viagem inteira foi uma sucessão de frustrações de planos. Isso não significava que os acontecimentos eram necessariamente negativos. Mas, sim, fora do meu controle. E o imponderável era algo com que eu precisaria me acostumar dali em diante.

CAPÍTULO 3
O plano de navegação

Logo no início do namoro com a Carol, em 2005, contei a ela sobre o meu sonho de viver em um barco. Ela conta essa história melhor do que eu:

"Lembro que o Matias me disse que tinha o sonho de dar a volta ao mundo de veleiro. Falou que eu estava convidada, mas, se não quisesse ir junto, ele iria da mesma forma. Ele me contou o plano todo empolgado, e então perguntou:

– E você, tem um sonho?

– Ter uma família – respondi.

Ele fez uma cara de quem não entendeu, querendo dizer: 'Mas isso não é sonho'.

– É o meu sonho. É isso que quero. É difícil manter uma família de verdade. Ser mulher, companheira, mãe.

Tenho a impressão de que ele não levou tão a sério. Mas, para mim, era tão sério quanto o projeto dele".

A única diferença do relato dela em relação à minha lembrança é a definição de *volta ao mundo*. Sei que o plano era *morar* em um barco. Mas nunca saberemos exatamente como comuniquei isso naquele dia.

Carol e eu nos conhecemos em 1985, na Escola Vera Cruz, na quinta série. Ela não era minha amiga, mas eu a achava linda. Era apaixonado por ela. Depois, cada um foi para um colégio diferente e perdemos o contato. Até que, quase duas décadas depois, nos reencontramos em uma balada em Camburi² e começamos a namorar. Seis meses mais tarde ela foi morar comigo.

O projeto de viver em um barco estava sempre presente no horizonte da minha vida – e consequentemente no da vida dela –, mas não falávamos disso com frequência. Até que, em 2007, a Carol engravidou da Sofia, a nossa segunda filha. Comprei o Bravo no mesmo ano.

Não foi uma coincidência. Eu sabia que a gravidez colocava em risco o projeto. Senti que comprar o barco naquele momento era necessário para deixar claro que não havia esquecido o meu plano e que aquela conversa que tivemos no início do relacionamento era para valer. Por mais utópico que pudesse parecer, realmente pretendia viver em um barco. Não era brincadeira.

Ao comprar o veleiro, retomei o tema com mais seriedade. Dessa vez, sem dúvida, eu disse que iria *morar* em um barco. E não haveria esposa nem filha que me tirariam do rumo traçado na adolescência.

A compra do barco

A escolha de um barco adequado para a realização do projeto era o primeiro passo. Gostava muito do MB 45, um veleiro projetado nos anos 1980 pela dupla de projetistas Judel & Vrolijk. Treze desses barcos foram construídos no Brasil pelo estaleiro Marte. É um barco forte e rápido, ideal para longas travessias. Sempre pensei que aquele era o melhor barco em série já construído no país. Por tudo isso, fazia tempo que sonhava em ter um, mas acabava desistindo da ideia por acreditar que seria caro demais para o meu bolso.

O Swing foi o último MB 45 a ser construído (para o próprio Alain, dono do estaleiro) antes de a indústria fechar as portas no final dos

---
2 Praia do litoral norte do estado de São Paulo.

anos 1980. Durante anos, Alain viajou com a família a bordo daquele veleiro. Só para Fernando de Noronha foram mais de três vezes. Até que ele resolveu colocá-lo à venda para construir um barco maior. O Swing, então, foi vendido ao Júlio, que corria regatas de percurso.

As regatas são "corridas" em barcos a vela, nas quais o motor não pode ser acionado e não é permitido remar. Os barcos largam juntos e precisam seguir um determinado percurso. A marcação do percurso pode ser feita por boias quando os trajetos são curtos, ou por ilhas e faróis no caso de regatas de longa duração. O circuito é determinado pela Comissão de Regatas (um grupo de pessoas com função equivalente ao juiz da "corrida"). Foi em um campeonato que fiquei sabendo que Júlio estava vendendo o Swing. Resolvi fazer uma visita.

O dia estava ensolarado, o mar tranquilo e o vento moderado. Soltamos as amarras, subimos as velas e o veleiro começou a deslizar. Aos poucos, foi ganhando velocidade, cortando as ondas sem nenhuma dificuldade, apesar de suas 13 toneladas. O vento começou a apertar, mas não foi sentido a bordo. O barco continuava muito estável e velejava cada vez mais rápido. Dentro dele, a sensação era de ainda estarmos amarrados no píer. Depois do passeio, o óbvio aconteceu. Acabei me apaixonando pelo barco e decidi comprá-lo.

Poucos meses depois da compra do Swing, no dia 10 de outubro, nasceu a minha primeira filha, Marina.

Do Swing ao Bravo

Quando comprei o Swing, não enxergava quanto de manutenção precisaria fazer para deixá-lo em bom estado. Estava muito precário. Além do acúmulo de milhas náuticas, os cuidados com ele nos anos anteriores deixaram muito a desejar.

Decidi que não faria nenhuma gambiarra. Se era para arrumar, que fosse bem-feito. Realizaria todos os reparos e manutenções necessários para que fossem duradouros e, quando possível, definitivos. Tudo teria de ser pensado para aguentar uma viagem longa e com possíveis adversidades no percurso.

Assim começou a transformação do Swing em Bravo. A escolha do novo nome foi baseada, principalmente, na praticidade da comunicação.

Bravo é uma palavra de pronúncia fácil e que pode ser compreendida em praticamente qualquer idioma, já que faz parte do alfabeto fonético náutico internacional, representando a letra B (Alfa, *Bravo*, Charlie). Como eu queria viajar o mundo com o barco, esse era um ponto fundamental. Para registrar as letras no casco do veleiro, utilizei a fonte "Bodoni XT", a mesma utilizada na revista cultural *BRAVO*[3].

Mas a mudança completa foi muito mais complexa e durou muito mais tempo do que a simples alteração do nome. Para cumprir o meu compromisso de não fazer gambiarras, tive de contratar uma equipe profissional formada por eletricistas e marceneiros náuticos, entre outras especialidades. O casco estava em bom estado, mas internamente havia muito trabalho a ser feito.

Até 2008, quando pedi demissão do banco, os ajustes eram realizados em um ritmo mais lento do que passaram a ser a partir de agosto. Morando em Ubatuba, acompanhava tudo de perto, e a minha principal meta de vida passou a ser deixar o veleiro pronto para dar partida em outubro daquele ano. O barco, que já era forte, ficou mais robusto.

Além de deixar o Bravo tecnicamente tinindo, queria prepará-lo para receber as minhas três mulheres com o máximo de conforto possível. Queria saber tudo o que incomodava a Carol para adaptar da melhor forma. Como ela não tinha uma grande experiência como velejadora, não conseguia me responder ao certo o que poderia melhorar. O que fiz foi instalar dessalinizadores para produzir água doce a partir de água salgada; colocar uma rede de proteção para as meninas não caírem na água; e adaptar as camas. Uma delas transformei em berço para a Sofia, que tinha apenas 6 meses, e a beliche virou cama de casal.

Ponto de inflexão

Eu tinha pressa de partir, mas certa inflexibilidade em relação ao plano que havia traçado. No mercado financeiro, a inflexibilidade é uma forma de se proteger de grandes tombos. Quando se toma uma posição (comprada ou vendida), é necessário ter disciplina para liquidar a operação, seja

---

[3] Revista lançada pela editora D'Ávila em outubro de 1997, migrou para a editora Abril em janeiro de 2004, pela qual foi publicada até agosto de 2013. Foi relançada em outubro de 2016 pelos ex-executivos da Abril Helena Bagnoli e Guilherme Werneck.

com prejuízo, seja com ganho. "Qual a perda máxima que aguento?" é uma pergunta que precisa estar sempre na cabeça de quem opera. Em outras palavras, qual é o momento em que já perdeu todo o dinheiro que poderia perder ali? Para mim, o segredo nessas horas é lembrar que aquilo faz parte de uma estratégia maior, muito além da perda ou do possível ganho momentâneo.

Costumo aplicar esse modelo de pensamento em outras questões, não apenas financeiras. É como se a vida fosse uma sucessão de pequenas batalhas. Mas a guerra é muito maior que cada batalha. Se em apenas uma batalha eu apostar tudo e perder, isso pode significar que perdi a guerra toda.

Essa forma de pensar me faz muito disciplinado nas minhas tomadas de decisões mais importantes. A de viajar foi uma delas. Havia feito cálculos para chegar ao valor que atingira quando vendi todas as ações ao banco. Havia feito contas para definir a data da partida. Não se tratava de um dia aleatório. Tinha por trás uma estratégia maior.

Em alguns momentos, no entanto, a disciplina também se transforma em rigidez. Isso não é necessariamente ruim, mas pode gerar problemas. Por exemplo, defini uma data de partida e não estava disposto a mudá-la, mesmo que isso significasse não ter as condições ideais. Enquanto acompanhava a manutenção do Bravo na marina de Ubatuba, conheci um casal mais jovem, com um barco menor e que, ao contrário de mim, cuidava pessoalmente de todas as reformas no veleiro. Sabiam manusear as ferramentas, instalavam o que precisava e, ao final, tudo parecia perfeito. Já eu, nunca tive habilidades manuais e não me dedicava excessivamente às decisões técnicas.

O barco deles, de 36 pés, chamado Atman, tinha mapas do mundo todo em diversos formatos, GPS, backup para o GPS etc. Estava equipado com piloto automático e, se fosse preciso, poderiam instalar outro piloto automático. Dentro da cabine tudo era organizado: louças para as refeições, utensílios, comida para praticamente uma vida inteira. Eles se preparavam para dar a volta ao mundo. Quando cheguei a Ubatuba, eles já estavam lá havia bastante tempo. E continuaram até pouco depois da minha partida.

Eu assistia à preparação deles com admiração. Para quem quer fazer uma viagem dessas, é uma grande virtude conseguir resolver os próprios problemas dentro do barco. Quando me comparava, sentia certa defasagem. Eu ainda não tinha habilitação de capitão e não sabia fazer a maior parte dos serviços braçais no Bravo. Era preciso sempre chamar um especialista. Quando enfrentava algum perrengue mais sério, era inevitável me fazer a pergunta que é um mantra entre os navegantes: "E se isso acontecer no meio do oceano?". Ficava preocupado quando não sabia o que responder.

Com o tempo, porém, fui não só aprendendo a fazer alguns reparos, como também ganhando confiança de que conseguiria resolver – de um modo ou de outro. Preocupava-me, por exemplo, não conseguir consertar o motor ou trocar uma fiação. Mas, no fundo, sabia que nada disso era necessário para continuar velejando. Podia não encontrar o melhor jeito, mas certamente encontraria algum. Com uma vela, um pedaço de cabo e algo que flutua, sabia que me viraria.

Eu já tinha partido quando soube, certo dia, que o casal do barco vizinho finalmente havia soltado as amarras. Foram até Salvador, desentenderam-se a bordo, desistiram da viagem e venderam o barco.

Com toda a minha "ignorância", segui viagem. O lado positivo foi constatar, na prática, que da "água não passa!". Não vou morrer – a não ser que falte água ou comida. Mas, para evitar isso, enchia o estoque do Bravo.

Os problemas, inevitavelmente, apareciam. Mas, com mais ou menos esforço, acabavam se resolvendo. E isso vai aumentando a confiança. Comecei a colocar as situações em perspectiva. Talvez demorasse mais para chegar a alguns pontos, em função dos imprevistos, mas uma hora chegava.

Ficou claro para mim que não era só uma questão de habilidade e conhecimento que faziam com que a viagem acontecesse. Mais importante era uma vontade verdadeira de seguir em frente e ter perseverança. Esses dois elementos eu tinha de sobra.

A minha preparação para a viagem sempre havia sido de uma natureza mais "macro" e menos "micro". Todos os problemas técnicos do barco não estavam resolvidos quando dei partida, é verdade. Mas grandes questões que poderiam me paralisar – como os riscos de viajar pelo mundo com duas crianças a bordo – já estavam definidas na minha cabeça.

Ao longo dos anos de maturação do projeto de viver em um barco, duas precauções, em especial, foram cuidadosamente tomadas em momentos estratégicos. A primeira delas foi sobre o número de filhos que eu estava disposto a ter. Duas filhas era o máximo que cabia no meu planejamento financeiro. Se a Carol engravidasse sem querer de um terceiro filho, meu plano estaria em risco. Então, definimos que a nossa família não cresceria mais.

A segunda decisão foi não morar em uma casa grande. Carol e eu moramos na mesma casa desde que passamos a viver juntos – até o momento em que escrevo este livro, são nove anos depois da partida para a minha viagem e cinco depois do retorno. Essa decisão foi calculada desde o início. Queria que todos nós estivéssemos acostumados a viver em um espaço restrito, sem conforto excessivo. Meu objetivo era fazer com que a rotina em uma cabine de 20 metros quadrados não fosse um problema para elas; afinal, cerca de 80% da viagem acontece dentro do veleiro. Sem uma referência tão distinta, seria mais fácil se adaptarem ao ambiente pequeno e com pouca privacidade.

Ao longo da travessia, encontrei tripulantes de outras embarcações que relataram a mesma preocupação. Muitas pessoas que não têm familiaridade com a vela e questionam se o espaço não é limitado demais para as crianças. Os pais (eu incluso) respondiam que não. Afinal, elas não tinham um comparativo tão diferente para sentirem falta de espaço. Sem contar que a "piscina" é enorme.

A cabine do barco é como uma casa em miniatura, com aproximadamente 2 metros de altura. Tem tudo que as pessoas precisam no dia a dia, mas em versão reduzida. Gosto de comparar a experiência de velejar com a imagem do caracol, que leva a casa nas costas.

Os 20 metros quadrados do Bravo são divididos em sala, cozinha, dois quartos (os camarotes) e dois banheiros – todos com paredes (anteparas) e portas. Quando desce a escada da parte externa do barco para dentro da cabine, chega-se à sala. Ali, o sofá em formato de U, com a mesa de jantar no meio, vira também uma grande cama. Isso porque a mesa nada mais é do que a mesma estrutura de madeira que sustenta os assentos, mas que pode ser levantada ou abaixada de acordo com a necessidade. Quando abaixada, ela também é forrada por almofada, igualando-se ao restante do móvel. Em frente a essa estrutura há um segundo sofá.

Se ao entrar na sala o visitante virar à direita, chega à cozinha, que é, na verdade, um corredor, com fogão, geladeira e utensílios. Seguindo em frente, está o camarote das meninas e um banheiro. Já do lado oposto, à esquerda da sala, fica a mesa de navegação e outro banheiro. E, por fim, o nosso camarote. Todos os móveis, pisos e paredes da cabine são feitos de madeira envernizada, o que contribui para a criação de uma estética muito bonita e aconchegante.

Hora de partir?

Quando tomei a decisão de partir, a Carol questionou se aquele era o melhor momento. Até hoje ela diz que eu poderia ter esperado as crianças crescerem um pouco mais antes de partir.

Durante os preparativos para a viagem, segundo ela, estávamos cada um focado em seu sonho. Ela cuidando das meninas, que estavam numa fase que ainda exigia muita atenção. E eu na arrumação do barco e na definição do roteiro.

De qualquer forma, para mim aquele foi o melhor momento para dar início à viagem. Porque a hora ideal talvez nunca chegasse.

CAPÍTULO 4
Os primeiros caldos

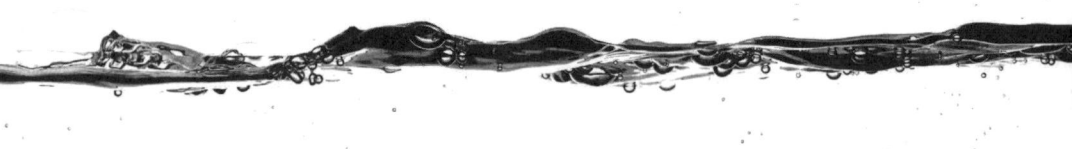

Comecei a velejar aos 10 anos no Yacht Club Paulista, que frequentava com meu pai. Gostava da sensação de navegar sozinho na represa de Guarapiranga, a bordo de um Optimist (barco-escola para crianças). Aquela liberdade já me atraía.

Um aspecto dessa independência, no entanto, me assustava em certos momentos. As crianças não eram café com leite. Chuva, vento ou qualquer outra condição climática adversa não era desculpa para não participar das competições. Em dias de tempestade, o céu ficava escuro e a água batia na pele com tanta força que chegava a doer. O barco capotava com frequência, nos jogando na água. No final das provas, eu estava sempre exausto. Vez ou outra, torcia para ser poupado das regatas. Mas nunca era. Nenhum adulto falava: "Ah, não vai dar para navegar hoje. Coitados dos meninos!". Ao contrário. "Isso fortalece o seu caráter", dizia meu pai.

Com o passar do tempo, entendi que havia verdade naquelas palavras. A disciplina ferrenha não era confortável, especialmente nos dias de frio e vento forte. Tampouco era o fim do mundo. Até tinha suas recompensas. A maior delas era ver a terra se aproximando e os adultos reunidos, sorridentes, segurando xícaras de chocolate quente nas mãos para nos recepcionar na chegada. Vitoriosos depois dos desafios vencidos, recebíamos a bebida acompanhada de palavras de reforço positivo: "Parabéns!", "Muito bem!".

Logo aprendi que aquela acolhida compensava todo o esforço – e tinha a sua lógica. Quanto maior fosse o perrengue, maior era também a satisfação de concluir a tarefa. Quanto mais gelada a água da represa e até a da chuva, mais prazerosa era a água quente escorrendo no corpo na hora do banho, seguida da roupa limpa. No vestiário, homens pelados de todas as idades contavam mentiras ao narrar um dia de grandes desafios.

Aqueles relatos cheios de contratempos, caldos e obstáculos ilustram uma série de analogias espirituosas que algumas pessoas usam para descrever a navegação. Por exemplo: "Velejar é o jeito mais caro e demorado de chegar ao destino".

Foi a experiência recorrente na represa que me ajudou a moldar a visão de mundo que norteia a minha vida até hoje. Sem o esforço extremo não há grande diversão. Ou como diz o meu amigo velejador Alex Calabria: "Se não me fodo, não me divirto". Foi com a vela que o desafio se tornou algo não só presente, mas também desejável na minha vida. A partir de então, quanto mais difícil a situação, mais atraente ela se revelava.

Aos poucos, despertou em mim também o espírito competitivo. Com a chegada da adolescência, troquei o Optimist por um Holder e depois por um Laser, monotipo usado em competições – e uma das classes olímpicas mais populares até hoje. Esse tipo de barco tem um casco de 4,23 metros de comprimento, 3,81 metros de largura e pesa 57 quilos. O que diferencia as embarcações nessas provas é, portanto, apenas a tripulação – no caso, uma única pessoa. Não ir bem na escola não me incomodava tanto. Mas não ir bem nas regatas passou a incomodar.

Primeiro a obrigação, depois a diversão

A vida em São Paulo não foi fácil no início. Nasci em Buenos Aires, onde morei até os 8 anos. Durante esse período na Argentina, eu era filho único e vivia com a minha mãe e com os pais dela, meus avós. Éramos uma família rica e eu era criado com mimos que não deixavam dúvidas sobre isso. Comportava-me em casa como um "reizinho". "Mandava" na família. Tinha as minhas vontades satisfeitas a todo o momento. Se quisesse passar o dia todo vendo televisão, passava. Vivia enclausurado em uma "bolha". Era o típico menino de apartamento. Sempre limpo, arrumadinho, engomado.

Na escola, a realidade era outra. A educação que recebia na Argentina era opressora. Estudei primeiro em um colégio inglês, o Chester. Aos 6 anos, tinha de usar terno e gravata – e o meu era Pierre Cardin. Era uma escola cheia de regras que, embora comuns em várias escolas da época, hoje me soam absurdas. Quando chegávamos, um bedel conferia se as nossas orelhas estavam bem limpas e se não carregávamos piolhos nos cabelos. Antes de começar a aula, cantávamos o hino da Argentina no pátio. Mesmo com a pouca idade, a experiência forçada de obediência e rigidez já me incomodava. Depois, fui para um colégio estadual chamado Granaderos, que também era disciplinador, mas com menos rituais se comparado ao primeiro.

Minha mãe trabalhava em uma loja de Buenos Aires, e meu pai era empresário. Eles haviam se separado quando eu tinha 3 anos. Durante as férias, eu ia para a fazenda com meu pai e com sua segunda mulher, Maria, que foi minha segunda mãe e que me criou na infância e adolescência. Na fazenda, aproveitava para fazer tudo que não podia na casa da minha mãe. Brincava com os porcos e me sujava na terra à vontade. Voltava para Buenos Aires cheio de piolho. A minha avó não se conformava. "Como você ficou desse jeito?", perguntava. Eu adorava aquela sensação de liberdade, algo ainda novo e raro no meu repertório.

Em 1979 aconteceram duas mudanças importantes. Deixei a casa de minha mãe para morar com meu pai no Brasil. Ele havia se mudado para o país alguns meses antes, em função da ditadura na Argentina (entre 1976 e 1983). Maria e eu fizemos a travessia a bordo de um navio chamado Eugênio C. Lembro que achei a viagem divertida, pois havia outras crianças, brinquedos e atividades para nos entreter. Desembarcamos no porto de Santos.

Aquela foi uma fase conturbada, da qual não tenho muitas informações nem recordações. Minha mãe tinha uma série de problemas emocionais e já não podia cuidar de uma criança. Imagino que minha falta de memória tenha a ver com aquela difícil experiência da separação, vivida com tão pouca idade.

Choque de realidade

Quando cheguei a São Paulo, minha vida mudou completamente. Primeiro moramos em Higienópolis. Depois, mudamos para uma casa alugada no Pacaembu, um bairro nobre, onde ficamos por cerca de vinte anos.

A educação que recebi na casa do meu pai era sem frescura. A disciplina era tão valorizada quanto no Yacht Club Paulista. Assim como aconteceu em relação à vela, no começo foi difícil. As regras impostas em casa eram claras e precisavam ser seguidas. Se ficasse doente, a frase de consolo era: "Tome duas aspirinas e vá para a cama". Ao longo dos anos, vi quanto essa educação foi importante para formar a minha personalidade. Tanto que a reproduzo em casa com as minhas filhas. Certa ou errada, é com essa educação que me identifico. Naquele momento, porém, era duro. Especialmente porque era o oposto da minha criação em Buenos Aires.

A Argentina e o Brasil eram dois mundos totalmente distintos na minha cabeça. Eu ficava dividido e nunca totalmente satisfeito. Vivia com saudade. Talvez essa seja a característica mais marcante da minha infância. A sensação de que mais me recordo. Como a família estava dividida – minha mãe na Argentina, junto com os primeiros registros da infância, e meu pai no Brasil, com a realidade que me desafiava –, o desejo mais recorrente era o de estar onde não estava. Aqui ou lá. O copo parecia sempre meio vazio. O foco recorrente estava no "não ter". No Brasil, sentia falta da minha mãe, que estava em Buenos Aires. Quando ia para lá passar as férias, sentia falta do meu pai, em São Paulo.

A prática da vela era não só um lazer, mas uma oportunidade de reunir a nova família do meu pai, composta por nós dois, pela sua esposa, Maria, pelo meu irmão, Ramiro, e minha irmã, Stephanie.

Apesar de ter estudado em colégios menos rígidos do que os da Argentina, a escola continuava sendo um desafio. Estudar, por si só, era um martírio e sentia muita dificuldade em me adequar às obrigações e entender as matérias. Ia mal nas provas, ficava de recuperação e de "segunda época".

A sensação que eu tinha era de não me encaixar. Não gostava de seguir ordens, de fazer o que os professores mandavam. Meu desempenho era terrível. Minhas notas, sofríveis. As únicas disciplinas que me interessavam eram História e Educação Física. Só quando chegava ao limite do prazo eu conseguia estudar e passar de ano. Não sei como, mas repeti apenas a quarta série porque ainda não falava português. Não conseguia entender o significado de palavras como "passarinho" e obviamente não conseguia pronunciar "avião", já que havia sido alfabetizado em espanhol. Logo depois aprendi a pronunciar os sons corretamente com a ajuda de uma fonoaudióloga – que também me ajudou a desenvolver o sotaque paulistano que carrego até hoje.

Décadas mais tarde, descobri que ao menos parte da dificuldade que eu tinha na escola era decorrente de uma falha no processamento auditivo. Entre 20% e 30% das crianças sofrem desse problema. Trata-se de um desvio no caminho que o som faz para chegar ao cérebro. O resultado é que, quando alguém está falando e há conversas paralelas, não conseguimos diminuir o volume do som ao redor, como faz naturalmente o cérebro da maior parte das pessoas – os barulhos se misturam, dificultando a concentração na fala principal.

É uma falha hereditária. Só descobri o problema mais tarde, pois hoje há exames simples que detectam a sua origem. Fiz o teste, e o resultado foi positivo. Atualmente há ferramentas para minimizar os impactos dessa falha, como sessões de fonoaudiologia. Na minha época, o diagnóstico era simplesmente "preguiçoso".

O mundo numa Kombi

Aos 13 anos, sentia que a cobrança nos estudos, somada às regras da casa, era sufocante demais para os meus hormônios adolescentes. Com temperamento forte, vira e mexe eu brigava com algum colega. Minha válvula de escape era viajar com a imaginação. Sonhava com um mundo sem regras e sem obrigações, onde eu poderia ir e vir quando quisesse.

Enquanto os professores explicavam as matérias, eu divagava. Meu corpo estava na sala de aula, mas minha cabeça, em outro lugar. Meu primeiro sonho era ter uma Kombi. Viver dentro de uma perua com quatro rodas era o que mais dava forma ao meu desejo de ser livre. Eu tiraria os bancos de trás e, em seu lugar, colocaria almofadas coloridas e um fogão. Mais nada. Aquele era o cenário perfeito para percorrer as estradas que quisesse mundo afora. A Kombi seria a minha casa portátil, que me acompanharia sem ter que prestar contas a ninguém.

Essa ideia maluca não excluíam dos meus planos os estudos nem o trabalho. Queria estudar História. Sempre gostei de saber a origem dos lugares, culturas e pessoas. Quando chego a algum local, imagino como ele era séculos antes. O que viram os portugueses quando chegaram à Baía de Guanabara? Esse tipo de pensamento me embala ainda hoje em reflexões por grandes períodos. Às vezes, dirigindo o carro, passo por lugares que despertam essa curiosidade. Sempre que estou no Minhocão, um grande viaduto em São Paulo, tento ver através das janelas dos apartamentos o que as pessoas estão fazendo e como é a vida delas. Enxergo televisões, cruzes nas paredes e, no fim do ano, árvores de Natal. Penso na vida de um morador da cidade ou na de um índio que viveu milênios atrás. Com minha Kombi, imaginava estacionar em frente à faculdade e cursar História. Era uma divagação que eu levava a sério. Por isso, sabia que precisaria ganhar dinheiro para me sustentar.

O mar e seus desdobramentos

Quando eu tinha 14 anos, meu pai comprou o nosso primeiro barco de oceano, o Nezel, de 26 pés, que ficava em Bertioga. Alguns anos mais tarde, o trocou por um ainda maior, de 40 pés. O modelo era FAST 395, que ganhou o nome de Aera. Nessa época, a vela já era a minha principal atividade de lazer. Além da vela, jogava rúgbi. Passávamos férias em família, embarcados por até 40 dias, em Ubatuba, Parati, Búzios e Angra dos Reis. Dormíamos e fazíamos a maioria das refeições a bordo, já que o veleiro tinha uma cabine interna equipada para isso. Em outros momentos, velejava e competia em barcos de colegas como tripulante. Fiz muitas amizades no meio da vela que perduraram por anos – algumas até hoje. Sempre gostei da vida no mar. E foi na infância que isso ficou claro. As viagens de férias são lembranças muito boas que guardo desse período.

Foi o barco que me ajudou a desenvolver outro interesse que a escola não despertou: o da leitura. No último ano do colegial (hoje ensino médio), quando li *Xógum – A gloriosa saga do Japão*, de James Clavell, entendi que a literatura era também uma forma de entender História. Aquele romance, ambientado nos anos 1600, conta a trajetória do piloto inglês John Blackthorne, que passa quase dois anos em um navio, até chegar à costa do Japão. O enredo era tão envolvente que o fato de o livro ter mais de mil páginas foi só um detalhe. Li de cabo a rabo. A partir de então, segui buscando outras narrativas do mesmo estilo.

O hábito de ler deixou de ser apenas um entretenimento, para se tornar uma fonte de inspiração prática quando devorei o *Aventuras no Mar*, de Helio Setti Jr. Com uma escrita despretensiosa, o livro relata as experiências do autor, um velejador de Ubatuba, em sua volta ao mundo a bordo do barco que ele batizou de "Vagabundo". A trama me fascinou. Sua chegada a regiões desconhecidas, o contato com outras culturas, os encontros com pessoas que lembravam personagens de ficção eram convites a uma vida que parecia ter muito mais a ver comigo do que aquela que a maioria das pessoas ao meu redor levava.

O livro me fez repensar o plano infantil de morar numa Kombi. Comecei a ver que havia formas alternativas de viver livremente. Li relatos de outras pessoas que passaram fases da vida em alto-mar. Eram histórias fantásticas e, ao mesmo tempo, possíveis. Uma combinação que satisfazia o meu desejo de que a autonomia, a aventura, o desafio e a natureza fossem parte da rotina. Fiz, então, um pequeno ajuste no sonho: troquei o veículo de quatro rodas por um veleiro. A comparação era simples. A Kombi daria liberdade para ir e vir dentro de certos limites. Haveria percursos impossíveis de concluir por terra. Um barco resolveria esse empecilho. Aí, sim, não haveria mais fronteiras. Dar a volta ao mundo tornava-se um plano realizável.

Com o veículo definido, fui aos poucos melhorando a ideia. Inicialmente, queria fazer uma viagem parecida com a de Helio Setti Jr. e outros velejadores. Assim como eles, ficaria sozinho na maior parte do trajeto. Em alguns trechos, poderia ter a companhia de uma namorada, de amigos, de familiares.

Viver embarcado é levar a vida como a de um caracol, que carrega a casa nas costas. Ao chegar aos lugares, poderia parar pelo tempo que quisesse. Conheceria destinos inusitados. Visitaria regiões às quais não poderia chegar de avião nem de carro. Descobriria diferenças – e semelhanças – que nem imaginava existir entre os seres humanos.

Um bom motivo para ganhar dinheiro

Aos trancos e barrancos, concluí o último ano escolar. Finalmente, estava livre das exigências diárias que tanto me desgastavam sem que eu enxergasse um sentido para aquilo. Encarava com outros olhos o que viria dali para a frente. Até que meu pai me chamou para uma daquelas conversas "de homem para homem". Queria saber que curso eu escolheria e qual era o meu plano.

– Vou estudar História, comprar um veleiro e ser livre para viver onde quiser – respondi.

Ele escutou com uma calma surpreendente. Em seguida, perguntou se poderia me dar uma sugestão. Eu respondi que sim.

– Filho, um barco custa muito dinheiro, e os historiadores não ganham tão bem assim. Por que você não estuda Economia ou Administração? São cursos que preparam para profissões mais bem remuneradas. Então, você arruma um bom emprego, ganha dinheiro, compra um barco e vai viajar.

O conselho fez sentido. Especialmente para quem tinha velejado na infância enfrentando tempestades para, ao fim do trajeto, ser recebido com chocolate quente e palavras de incentivo. Primeiro o esforço, depois a recompensa. Essa linguagem eu entendia bem. Foi o caminho que escolhi seguir também na vida profissional. Era como se eu aceitasse que precisava primeiro comer a berinjela (que nunca gostei) para chegar à sobremesa. Foi ficando claro que era assim que a vida funcionava. Estava convencido de que esse era o único caminho.

Embora a opinião do meu pai sempre tenha me inspirado respeito (como é até hoje), não podia imaginar que aquele diálogo de dez minutos, quando eu tinha 18 anos, mudaria o rumo da minha vida. Mas foi o que aconteceu.

Naquele dia, percebi que o trajeto para chegar ao destino que queria não seria necessariamente uma linha reta e ascendente. Muitas vezes, é preciso "dar bordos" na vida, ou seja, navegar contra o vento, ziguezagueando em vez de avançar teimosamente em direção ao destino. Não adianta medir forças com o vento quando ele sopra contra a rota traçada. É preciso respeitá-lo e, pouco a pouco, encontrar brechas para negociação. Trabalhar em uma área que não me atraía para ganhar dinheiro seria, na verdade, uma escala obrigatória para chegar aonde eu queria. Embora pudesse parecer um distanciamento do caminho projetado, seria, na verdade, a construção de um percurso possível.

Entre Economia e Administração, fiquei com a segunda opção. Entrei na PUC de São Paulo. Com isso, percebi que não era tão mau aluno assim. Por quê? O que havia mudado? O objetivo. Agora havia uma razão, um propósito que justificava o esforço. Quando se sabe aonde quer chegar, fica mais fácil cumprir a travessia. Ao contrário do que acontecia na escola, agora eu sabia exatamente o que queria. Encarava a carreira como um meio, não como um fim.

CAPÍTULO 5
De sonhador a banqueiro

Meu primeiro emprego foi aos 19 anos, como vendedor de balas para varejistas, como padarias e Lojas Americanas. Na época, eu fazia cursinho pré-vestibular, mas já sabia que não tinha tempo a perder. Meu pai sempre deixou claro que não nos deixaria herança. "Vou gastar tudo o que ganhei antes de morrer", ele dizia. Esse discurso me incomodava um pouco, até porque eu convivia com amigos que não precisavam se preocupar com emprego. Não posso negar, porém, que isso me empurrou para a frente. Foi ele quem me indicou para a função de vendedor na Stani, empresa argentina (mais tarde vendida à britânica Cadbury), que exportava os produtos para o Brasil.

Logo que entrei na faculdade, no primeiro ano de curso, passei seis meses em Seattle, nos Estados Unidos. Fui estudar inglês, já que não consegui assimilar no colégio nem mesmo com o reforço de anos de estudo em escolas especializadas – precisava aprender o idioma. O que mais me interessava, na verdade, era a experiência de viver em outro país. Livre e independente. Foi um período nômade e intenso. Fiquei hospedado em dormitórios de faculdades e em casas de amigos. Nos três últimos meses, visitei Nova York, Miami e Boston, pernoitando em albergues. Aprendi a me virar sozinho. Fiz amigos e tive tempo ocioso para pensar na vida. Era o único dono das minhas horas, uma sensação que sempre me agradou.

Durante esse período, comecei a notar que os produtos brasileiros dominavam as gôndolas dos supermercados americanos. Eram sucos, óleo de soja, café, açúcar e outras mercadorias de origem agrícola. Eu não tinha dinheiro e tudo me parecia caro. "Alguém no Brasil está ganhando dinheiro com isso", concluí. "Quem vende esses produtos tão caros?". Já tinha entrado na minha cabeça a ideia de que precisava ganhar dinheiro o mais rápido possível para começar minha viagem quanto antes. Queria encontrar mercados promissores para trabalhar. Quanto mais rico o setor, maior seria o meu salário (pelo menos na teoria).

Logo aprendi que aqueles produtos eram as chamadas commodities agrícolas, produzidas em larga escala, comercializadas mundialmente e com preços definidos pelo mercado internacional.

Em 1993, de volta ao Brasil, tive outra importante conversa com meu pai.

– Já sei o que quero fazer – disse a ele. – Trabalhar com produtos agrícolas para exportação. Isso dá dinheiro.

Por coincidência, o Roby Woodyatt, um grande amigo do meu pai com quem ele velejava no Yacht Club, era executivo em uma "trading", isto é, uma empresa que negocia commodities no mercado internacional. Tratava-se da francesa Coinbra, do Grupo Louis Dreyfus, uma das maiores multinacionais do setor. Conversei com esse colega de vela e, em pouco tempo, consegui um emprego. Era o início de uma carreira executiva, cheia de desafios pela frente.

Se eu entender, qualquer um entende

Comecei atuando na área de documentação de embarque. Na prática, cuidava da papelada necessária para intermediar os negócios. Nessa época, não havia os sistemas automatizados que existem hoje. Por isso, a rotina era usar máquina de escrever e telex. O trabalho era minucioso. Se passasse um mísero erro, era preciso fazer tudo de novo. Aquilo era muito difícil para mim, que não tinha um perfil de atenção aos detalhes. Não era, portanto, o profissional brilhante. Era, sim, o esforçado. O incansável. Repetia o trabalho quantas vezes fosse preciso até ficar bom.

Depois de três anos na Coinbra, deixei a companhia. Aprendi bem o trabalho, mas estava cansado de ter chefes e seguir ordens sem uma contrapartida que me empurrasse para a frente. Aceitava a hierarquia porque fazia parte do jogo corporativo. Sabia que era preciso engolir alguns sapos. Passei por situações que se revelaram inegociáveis para mim, que mexeram com princípios dos quais não estava disposto a abrir mão. Por exemplo, o de que o combinado deve ser cumprido.

Nessa época, eu ganhava um salário baixo para a média do mercado – e sem bônus. Então fiquei animado quando o meu chefe elogiou meu trabalho. "Vou te dar um aumento", prometeu. Até aquele momento eu andava desanimado com a quantidade de esforço dedicado, que era desproporcional ao ganho. O custo-benefício não compensava mais.

Poucos meses depois, meu chefe foi desligado da companhia e o cenário começou a ficar nebuloso. Veio um novo gestor, com um novo discurso: "Não tenho como te dar aumento agora. Se quiser, pode vir meio período". Aquela proposta não fazia sentido. Eu precisava de um salário maior e não de mais tempo. O tempo viria depois, como consequência do dinheiro que pretendia juntar. A promessa não cumprida foi a gota d' água para a decisão de deixar a companhia.

Decidi não ter mais chefe. Montei uma corretora que negociava leite em pó. Já cuidava dessa área na Coinbra. O que fiz foi migrar da parte de documentação para a parte comercial. Mas naquele ano o frio foi rigorosíssimo e chuvoso na Argentina, grande produtora de leite em pó, responsável pelo fornecimento. As baixas temperaturas e a alta umidade impactam na produção de leite por alguns motivos. O chão tende a ficar encharcado, e o animal evita deitar. Sem descansar o que precisa, fica exausto e sem energia para dar leite. Além disso, os animais bebem menos água, o que também afeta a produção. Depois de seis meses, não havia mercadoria disponível para atender aos pedidos dos importadores brasileiros. O pouco dinheiro que havia investido chegara ao fim, por isso tive que voltar a procurar emprego.

Fui contratado por uma empresa que fazia a logística de commodities agrícolas. Voltei aos tempos de documentação. Detestava o trabalho, os meus colegas e a minha chefe. Poucos meses depois, o dono da empresa me chamou e me demitiu. Ele disse que aquele trabalho não era para mim, e que um dia lhe agradeceria por isso.

Novamente eu vi uma oportunidade para empreender. Era a fase em que a escalada esportiva ganhava popularidade no Brasil. Na época, meu pai importava equipamentos para essa atividade, e resolvi apostar no mercado. Comecei a fabricar agarras[4] para as paredes de escalada. Havia compradores, mas não dava muito dinheiro.

Finalmente, recebi um convite para trabalhar em um banco americano que estava iniciando suas operações no Brasil. Mais uma vez o foco seriam commodities agrícolas. Assim, voltava para o promissor trilho inicial.

Lembro-me de uma das entrevistas para essa vaga, que fiz com uma executiva americana.

– O que você espera daqui? – perguntou ela.
– Eu quero ganhar dinheiro.
Fui contratado.

Tão longe, tão perto

Aos 28 anos, minha vida estava longe de ser uma aventura. Velejava apenas nos fins de semana, como tripulante em competições de veleiros de oceano. Durante a semana eu trabalhava com afinco.

Foi nessa época que reencontrei a Carol. Contei logo sobre meu plano de morar em um barco. Estava claro que não queria continuar naquela vida previsível que me levava do escritório para casa e de casa para o escritório.

É verdade que tinha um ótimo emprego e uma vida confortável em terra firme. Só não podia esquecer que isso tudo era o caminho e não o destino.

Se já me esforçava nos empregos anteriores, no banco americano virei uma máquina de trabalhar. Não foram poucas as vezes em que deixei o escritório de madrugada. Mais uma vez, a função que me cabia era desafiante. Na prática, o trabalho exigia lidar com modelos matemáticos, probabilidades e outros elementos que faziam parte da matéria que sempre foi a mais difícil para mim na escola: Matemática.

---

4 Peça acoplada à parede de escalada, onde o praticante do esporte apoia as mãos e pés para subir ou descer.

Aquilo era tão complicado que, se eu conseguisse entender, ficava fácil passar às outras pessoas. E era justamente na interação com os clientes que eu me destacava. Conseguia estabelecer um bom relacionamento com as pessoas. A maioria dos meus colegas eram engenheiros, com menos habilidade para essa interação. Minha abordagem era menos racional e mais empática e, assim, conseguia acessar o emocional dos clientes – não apenas a cabeça. A partir dali, minha carreira deslanchou.

Mas veio a crise da Rússia, e o banco quebrou. O susto durou pouco. A operação foi comprada por outro banco de investimentos, o Macquarie, maior banco de investimentos da Austrália, focado em gestão de risco e commodities.

Nesse novo banco, encontrei um ambiente propício para acelerar o meu crescimento profissional. Executivos de altíssimo nível e uma política de remuneração baseada realmente na meritocracia. Vislumbrei no médio prazo uma perspectiva de tirar do papel o meu projeto de rodar o mundo a bordo de um barco. Com esse objetivo, cheguei ao topo da hierarquia do banco. Anos mais tarde, tornei-me o principal executivo da operação no Brasil.

Eu gostava do banco, mas o estresse do trabalho me deixava exausto. Em um dos dias de grande tensão e cansaço, cheguei a esboçar uma carta de demissão para o meu chefe e fui a Ubatuba sozinho. Passei a noite na cabine do Bravo olhando o mapa, traçando rotas e calculando distâncias e tempo de trajeto. Era o rascunho do roteiro que, anos mais tarde, coloquei em prática.

CAPÍTULO 6

Ajuste na rota

Em meados de outubro de 2008, os dilemas estressantes do mundo corporativo já haviam ficado para trás. Não faziam mais parte da minha realidade. Uma vida nova havia começado poucos dias antes, quando soltamos as amarras em Ubatuba – a Carol, as nossas duas filhas, Marina e Sofia, e eu. Depois de passar por Picinguaba e Parati, ancoramos o Bravo em Ilha Grande, Angra dos Reis.

Para a Carol, aquela mudança da vida em terra para a vida no mar foi bem mais complicada do que para mim. Além de todos os desafios comuns a qualquer mãe de duas crianças pequenas naquele ambiente atípico, ela não era apaixonada por barcos nem habituada à vida a bordo. Enjoava durante os trajetos e tinha de enfrentar seus próprios desafios, como mãe de duas crianças, acompanhando o marido em uma viagem que ela mesma não fazia questão de viver.

Certa noite, fomos jantar no restaurante Reis Magos, na Praia Saco do Céu. O lugar era incrível. Uma construção de madeira com mesas espalhadas por bangalôs abertos nas laterais, no meio da mata. O clima era romântico, e o jantar, delicioso. Mas a conversa ficou séria.

– Eu preciso te falar uma coisa – disse a Carol. – Não vou conseguir te acompanhar na viagem.

Em seguida, disse uma frase que nunca esqueci.

– Esse sonho é seu. Não é meu. Eu não vou ser a pessoa que vai falar para você não vivê-lo. Até porque sei que você vai de qualquer jeito. Mas não vou ser feliz se te acompanhar.

Mais tarde, Carol fez uma reflexão sobre a decisão de ir e, depois, sobre a decisão de descer do barco. Reproduzo aqui suas palavras:

> *Para mim, estava muito claro que o Matias precisava fazer essa viagem. Ele trabalhava havia muito tempo para isso. Passou por diversos momentos de estresse para realizar aquele sonho. Se ele ficasse aqui (em terra), ia dar uma "pane". Mas na hora de ir com ele, quem estava em pane era eu. Sorria pouco e me sentia tensa. Estava magra, abatida. Só me dei conta disso depois, ao ver uma foto.*
>
> *Em Angra, chegou o momento em que vi que não daria para continuar. Entendi que descer era tão importante para mim quanto seguir em frente era para ele. Precisaríamos encontrar uma forma possível de manter as escolhas de cada um.*
>
> *Às vezes vejo, em capas de revistas de vela, pessoas a bordo da lancha com uma taça de champanhe gelado, chapéu de palha, sorrisão no rosto, o que pode passar a impressão de que viver a bordo é sempre super-romântico. Na vida real, tem de fato um lado muito romântico. Mas tem também um lado muito duro. No nosso caso, a dificuldade não foi só para mim, que decidi descer, mas também para o Matias. Imagino que não deve ter sido fácil fazer a escolha que fez e seguir em frente.*

A notícia de que eu seguiria sozinho não era uma surpresa – o que em nada diminuía minha tristeza e frustração ao ouvi-la. Na minha cabeça, habituada a cálculos numéricos, estava claro que a probabilidade de a família me acompanhar não era maior do que 40%. Ainda assim, foi sem dúvida um dos momentos mais difíceis da viagem, quando fui obrigado a confrontar as consequências das minhas escolhas.

Mal havia partido e já precisava lidar com um dilema importante. "Continuo ou desisto de tudo?", questionei. Por mais convicção que tivesse sobre o que queria, foi inevitável fazer uma pausa para colocar a situação em perspectiva. Provavelmente, voltar para São Paulo com elas seria a decisão mais confortável, lógica e, sob muitos pontos de vista, a correta. Mas não seria a mais sincera.

Não fazia sentido desistir de tudo. Seria injusto jogar fora o que havia programado durante a vida inteira, argumentava para mim mesmo. Pode parecer uma escolha egoísta – e não nego que seja –, mas fiz o que queria fazer.

A divergência de ideias nunca foi motivo para a Carol e eu pensarmos em separação. Segui em frente com meus dois planos: o de morar em um barco e o de ter uma família. Em termos práticos, a mudança principal foi revisar o roteiro. Dali em diante eu precisava rever as escalas da viagem e, em alguns momentos, deixar o barco em lugares seguros, pegar um avião e passar uma temporada em casa.

Foi no momento em que a Carol decidiu descer do barco que efetivamente o plano passou a ser de uma "volta ao mundo". Até então, a ideia era morar em um barco, o que poderia durar dois anos, 15 ou a vida toda.

Vida que segue

Elas desembarcaram em Bracuhy (Angra dos Reis). Assim que me vi sozinho, senti uma mistura de tristeza, euforia e alívio. Apesar da falta que já começava a sentir da Carol e das meninas, encontrei também uma liberdade inigualável. Saí navegando sem um rumo certo. Parei na Praia de Aracatiba, em Ilha Grande, joguei a âncora e fui jantar no restaurante do Carlinhos, famoso pescador da região: peixe frito, arroz, feijão e farofa. Curtia a sensação de não ter compromisso com nada e com ninguém. Podia fazer o que quisesse naquele momento. Um sonho tão antigo quanto as primeiras lembranças da infância.

No dia seguinte, velejei até Jorge Grego, a cerca de dez milhas e quatro horas de Aracatiba. Quando era moleque, eu gostava de ir para lá, mas ia pouco em função da distância. É justamente esse isolamento que torna o lugar ótimo para a caça submarina – e foi isso que fiz.

Passei a noite em Jorge Grego. Na época, eu ainda não tinha guincho para me ajudar a subir a âncora. Eu tinha que puxar no braço mesmo um peso de aproximadamente 60 quilos, considerando também os 8 metros de corrente e o cabo. No fim do dia eu estava esgotado. Na manhã seguinte, segui viagem em direção ao Rio de Janeiro.

Sem as meninas a bordo, as travessias foram ficando cada vez mais longas e mais desafiadoras. Vento forte, ondas grandes, correntes contrárias e problemas dos mais variados me fizeram ver com certo alívio o fato de elas terem desembarcado em Angra. Se estivessem no barco, seria difícil planejar uma travessia durante a qual ficaríamos dias seguidos em alto-mar. À medida que me afastava de São Paulo, as horas sem ver terra firme passaram a ser dias, e os dias passaram a ser semanas.

Algumas famílias (como os Schurmann) se adaptam muito bem às longas travessias, e em algum momento imaginei que isso seria possível no meu caso. Mas depois de vivenciar algumas situações no oceano – e conhecendo as minhas mulheres –, percebi que isso não seria possível. E estava tudo certo.

CAPÍTULO 7

Do Rio de Janeiro ao Espírito Santo

Minha solidão durou pouco. No Rio de Janeiro, recebi a bordo o Rafael, aquele amigo que havia se preparado para dar a volta ao mundo, mas interrompeu a viagem porque se desentendeu com a mulher. Iríamos juntos até Salvador, na Bahia.

Antes, o Bravo recebeu alguns reparos. O mais importante foi a troca de *stays*[5], isto é, dos cabos de aço que seguram o mastro. Antes de dar partida, eu havia feito o mesmo serviço em Ubatuba. Mas logo percebi que havia comprado gato por lebre. Comprei cabos de aço da Morsei (uma ótima marca de cabos brasileiros fabricados no Rio de Janeiro), mas o que havia sido instalado no meu barco eram cabos chineses de má qualidade e, obviamente, muito mais baratos. Depois de alguns meses de uso, os cabos já estavam enferrujados.

---
5 Cabos de aço afixados no convés que dão sustentação ao mastro.

No primeiro trecho, entre a capital fluminense e Búzios, deu para sentir qual seria o tom da viagem: vento nordeste forte e mar com ondas altas. Velejamos durante horas num zigue-zague insano, sem conseguir avançar muitas milhas. Um Perrengue com P maiúsculo.

Os problemas não diziam respeito apenas ao clima adverso. Nas proximidades de Cabo Frio, o motor parou de funcionar. Quando chegamos a Búzios, percebemos que o tanque com óleo diesel estava com um pouco de água. Sem o auxílio de mecânicos, nós mesmos trocamos os filtros, que estavam sujos e com mau cheiro, e drenamos a água do combustível.

Eu adorava ir a Búzios quando era criança. Nos anos 1980, o lugar era bem diferente da cidade badalada de hoje. Naquela época, as baladas eram diferentes, mais discretas, mas não necessariamente mais comportadas. Eu ainda era moleque, e junto com a turma a diversão era passar o dia projetando barcos que não virassem sob o efeito das ondas numa praia ao lado da Ferradura. O cenário da disputa com dia e hora marcados era uma praia de tombo, onde as ondas grandes quebram no mar raso. Lançávamos ali os barcos feitos de madeira, pedras, linha de pesca e muita criatividade. Aquela parada foi uma viagem no tempo.

De volta à época do funk e das ruas de pedra agora congestionadas por carros, Rafa e eu despedimo-nos da cidade de Búzios em 2008.

Dez horas depois da saída, o motor parou de funcionar outra vez. Trocamos novamente os filtros. Não adiantou. Tentamos, então, limpar o "pescador"[6]. Assim como os filtros, também estava imundo. Não entendíamos de onde vinha tanta sujeira e mau cheiro. Para falar o português claro, um cheiro de merda. Percebemos que havia uma pane seca, quando o combustível não chega ao motor. Arriscamos "sangrar" o motor algumas vezes com a bomba e por sucção com a boca, tentando liberar a passagem do diesel. Nada adiantou.

Quem manda aqui sou eu

O enigma do motor nos acompanhou durante a viagem. Dependíamos unicamente da vela e do vento para navegar. Não conseguimos

---

6 Peça localizada na ponta da mangueira que liga o motor ao tanque de combustível.

detectar o que estava errado nem durante a travessia, nem durante as paradas para a manutenção.

Além das questões técnicas e climáticas, começamos a enfrentar desafios na nossa convivência. Acordar e dormir no mesmo ambiente com outra pessoa, por vários dias seguidos, é sempre uma oportunidade propícia para conflitos. Quando se está isolado em um lugar cercado por água, sem outros indivíduos para distrair e sem a possibilidade de dar uma volta no quarteirão para esfriar a cabeça, a tendência é que a tensão cresça ainda mais. E não demorou para começarmos a ter algumas divergências. Na travessia entre Búzios e Vitória, eu estava no meu limite de paciência. A situação chegava ao pico de estresse. Foi o Rafa dizer que não concordava com uma conduta que eu havia decidido seguir, para eu explodir. "Vai ser do meu jeito!", respondi. "Mas está errado como você quer fazer", retrucou ele. Naquele momento fui tão claro quanto costumo ser quando fico muito nervoso.

– Rafa, deixa eu te falar um negócio – comecei, sinalizando minha irritação. – Você sabe por que eu sempre velejo com pessoas menores do que eu?

Vale dizer que tenho 1,84 metro de altura e calculo que ele tenha cerca de dez centímetros a menos. Continuei a explicar:

– Porque, se você continuar me enchendo o saco, vou te encher de porrada. Então faça o que eu estou mandando e acabou. O capitão do barco sou eu, e se você não gosta das minhas regras, desça. Só que você vai descer onde eu mandar. Porque não vou voltar. Agora, fique na sua.

Disse isso olhando firme em seus olhos e elevando um pouco o tom de voz, mas não cheguei a gritar. As palavras já eram duras o suficiente.

A partir daquele momento, ficamos mais tempo em silêncio, e a viagem seguiu em paz.

Divisão de tarefas

O episódio com o Rafa ilustra uma característica marcante da vela: a importância do trabalho em equipe e de cada pessoa saber exatamente a sua função dentro do grupo. O veleiro precisa de um líder, o capitão, alguém responsável por coordenar a tripulação e tomar tanto as decisões corriqueiras quanto as urgentes. Por exemplo, de seguir o plano ou mudar a rota; ligar o motor ou se deixar empurrar pelo vento; de fazer uma parada ou ir direto para o destino. Esta é a única função que não pode ser delegada a ninguém. É claro que, se o capitão estiver dormindo e uma decisão simples precisar ser tomada, outro membro da tripulação pode fazê-lo. Mas se for algo que impacte na estratégia de navegação, aí está um bom motivo para tirar o capitão da cama. O restante da equipe se alterna nas demais funções. Um fica no timão, dirigindo o barco; outra pessoa é responsável por ajustar as velas de acordo com o vento; o proeiro faz as manobras de proa. As funções na cozinha e na limpeza podem ser compartilhadas, ou não, depende da embarcação e da tripulação. No caso do Bravo, eu mesmo fazia a comida e a limpeza.

A interação de todos é muito importante para que a viagem transcorra sem desafios, além daqueles que naturalmente surgem ao longo do caminho. E pode ter certeza: eles surgirão.

No caso da travessia entre Rio de Janeiro e Vitória, as dificuldades já eram previstas. Isso porque havia em nossa rota um "cabo", ou seja, um pedaço de terra que avança sobre o mar. Costumamos dizer que é onde a terra faz a curva. Essa formação é considerada uma zona perigosa para a vela porque a área do mar em volta do cabo é sempre mais rasa do que a parte mais distante – e quando se está no veleiro, a região com maior profundidade é mais segura. Quanto mais raso, mais altas são as ondas, que levam instabilidade ao veleiro. Se um vento forte ataca, o barco corre o risco de ir para a terra, encalhar e até afundar.

O Cabo de São Tomé, uma península no estado do Rio de Janeiro, é considerado um lugar especialmente traiçoeiro para os navegadores. As correntes e ventos fortes, associados às aguas rasas com bancos de areia escondidos a poucos centímetros da superfície, fazem com que os capitães mais experientes procurem navegar a uma boa distância da costa. Mas nós passamos tão perto que até celular pegava. Detalhe: o GPS do barco não funcionava, e tivemos que navegar usando o GPS reserva que comprei do meu amigo Pedrão, nos últimos momentos antes da partida. Santo Pedro, pensei.

As condições do ambiente continuavam complicadas. Estávamos passando relativamente próximo ao Cabo de São Tomé, com muito vento (entre 20 e 27 nós) e um mar nada amigável, com ondas grandes e desencontradas, que estouravam no convés e entravam pela gaiuta central[7]. O cenário era desanimador: o chão molhado e um cheiro forte de óleo diesel no ar. Bastam algumas gotas de combustível no assoalho do barco para ele se transformar em uma superfície escorregadia.

Para dar uma ideia da intensidade do vento, aqui vai uma explicação simples:

- 0 - 2 nós: muito fraco, não dá para velejar
- 2 - 8 nós: fraco
- 8 - 12 nós: bacana
- 12 - 17 nós: com emoção
- 17 - 25 nós: uma aventura
- 25 nós ou mais: além da conta

Enquanto eu olhava a costa logo ali, pensava seriamente em trocar o Bravo por uma TV de plasma e embolsar o troco. Após três dias de muito vento, nós nos aproximamos de Vitória. O que estava ruim ficou ainda pior. O vento cessou e o motor não funcionava, deixando o barco à mercê do vento e da corrente.

O porto de Vitória não é um bom lugar para ficar em um veleiro sem motor, à noite, e sem vento. A região tem pedras, correntes, baixios[8] e trânsito intenso de navios. E nós simplesmente não tínhamos como manobrar o barco para atracar. Ao chegar, usamos o bote inflável de apoio, que tem um motor pequeno, para empurrar o Bravo. Nessa hora, foi ótimo estarmos em duas pessoas, porque pudemos nos dividir e garantir a chegada segura.

Em terra firme, consegui falar por telefone com um técnico da Raymarine, fabricante de equipamentos eletrônicos náuticos. Ele me ensinou a fazer uma ligação direta do piloto automático, o que melhorou muito a qualidade de vida a bordo. Antes, tínhamos que nos revezar constantemente no timão. Agora, podíamos descansar quando as condições do mar estavam favoráveis. A gambiarra funcionou tão bem que até os outros instrumentos (inclusive o GPS) voltaram a operar normalmente. Antes de partir, refizemos a vedação da gaiuta. O Bravo era um barco seco novamente.

---

7 Janela no teto da cabine do barco.
8 Bancos de areia ou rochedo próximo à superfície da água.

Quando chegamos a Vitória, propus: "Se quiser, pode descer agora". Ele não quis. Com os ânimos menos inflamados, falei: "Agradeço muito sua experiência toda, mas essa viagem é minha, e não sua. Pode ser que eu erre, que minhas decisões não funcionem. Mas vai ser do meu jeito, ok?".

Partimos em direção a Salvador.

CAPÍTULO 8
De Vitória a Gamboa

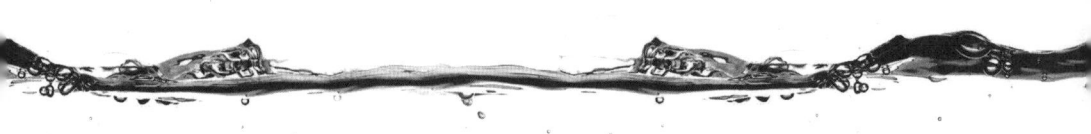

Durante a passagem por Vitória encontramos o Jadir, um velejador de Ilhabela que tinha seus 52 anos e lembrava os personagens de livros que me inspiraram a viver no mar. Ele estava embarcado em seu Velamar de 45 pés, levando a reboque um Peterson de 33 pés desde o Caribe. Coisa de louco. Era como cruzar o Brasil todo numa Kombi 66 levando um Fusquinha a reboque.

Os dois veleiros estavam amarrados por um cabo de 120 metros, formado por dois cabos grossos de 40 metros nas pontas e uma corrente com a mesma medida amarrada entre eles. No barco menor viajava o Baiano, apelido carinhoso que o Jadir deu para o seu caseiro, que nunca tinha colocado os pés em um veleiro antes de ser levado para o mar pelo patrão. Com uma barba gigante, cabelo desgrenhado, corpo magro e um bronze cor de café, o Baiano parecia o náufrago do filme com Tom Hanks. Após muitos dias no mar, ele havia aprendido a fazer a navegação, mexia com eletricidade, mecânica, velas e tudo o mais que se faz necessário em um veleiro. O Jadir prometeu que vai publicar um livro intitulado: *M&M – Do Mato ao Mar*, em homenagem ao nosso Tom Hanks brasileiro.

Ele nos deu uma dica para tentar controlar a valuma[9] da genoa 3, uma vela de proa para vento forte, que não parava de bater enquanto navegávamos. Melhorou, mas não resolveu o problema.

Uma das partes mais legais de rodar o mundo a bordo de um veleiro é encontrar figuras que provavelmente não se conheceria de outro modo. Aquela foi uma das várias histórias que cruzaria o nosso caminho. Senti ali que a viagem realmente começava.

O resgate da baleia encalhada

Destino seguinte: Abrolhos. Saímos de Vitória com previsão de uma janela de tempo favorável. Mas não foi o que encontramos. Assim que partimos, vento na cara. Porém, nada parecido com a travessia do Cabo de São Tomé. Era melhor agradecer.

Continuávamos sem poder avançar contra o vento. Tentávamos orçar[10], mudamos o rumo para o mais próximo possível da direção de onde vinha o vento. Depois de algum tempo, mudamos o rumo novamente, posicionando o barco de uma forma que o vento incidisse do outro lado da vela. Se olhássemos a trilha deixada pelo GPS, nosso rumo parecia uma costura em zigue-zague deixada por uma máquina de costura. Mas toda vez que tentávamos orçar mais do que 40 graus em direção ao vento forte, a vela batia tanto que eu temia pelo mastro. Apesar da emoção, o barco chegou inteiro ao nosso destino. E aquela vela nunca mais foi usada.

Chegamos a Santa Bárbara, única habitada das cinco ilhas do Arquipélago de Abrolhos, que tem aproximadamente 91.300 hectares de área marinha, a 70 quilômetros da costa sul da Bahia. As demais ilhas são: Redonda, Siriba (única onde é permitido o desembarque), Guarita e Sueste. A 70 quilômetros da costa litoral sul do estado da Bahia, essa é uma parada estratégica para todos os veleiros que seguem rumo ao Nordeste ou de lá para o Sul do Brasil.

Abrolhos foi o primeiro Parque Nacional Marinho do Brasil, criado em 1983. Em Santa Bárbara há uma base da Marinha e uma do Ibama.

---

9 Parte de trás da vela.
10 Orçar, no linguajar náutico, significa aproximar a proa na direção do vento.

Nada mais. Normalmente, os visitantes não podem descer na ilha. As tripulações são autorizadas a ficar por ali apenas embarcadas. Sabendo disso, ancoramos o barco, fizemos um churrasco e aguardamos a visita dos oficiais. Esperávamos a abordagem de praxe, em que eles avisam que não se pode descer e fazem a vistoria no veleiro. Mas, desta vez, o discurso foi diferente.

Um fiscal do Ibama e um oficial da Marinha pediram a nossa ajuda para desencalhar uma baleia morta havia vários dias. O animal estava do outro lado da ilha, já exalando um cheiro podre insuportável. A Marinha e o Ibama tinham, cada um, um bote, que poderia ser usado para o resgate da baleia. Mas o bote da Marinha estava quebrado. Depois da explicação, topamos acompanhá-los na missão.

Estava chovendo e a baleia era gigante – tinha 12 metros de comprimento e pesava aproximadamente 20 toneladas. Ao chegar mais próximo, o cheiro ruim se intensificava e a superfície da água ganhava uma camada de gordura. O cadáver estava encostado nas pedras. Para tirá-lo dali, seria preciso chegar bem perto e passar um cabo pelo rabo da baleia, amarrá-lo e rebocar o animal para mar aberto.

Estávamos próximo às pedras da costa e o mar batia bastante, dificultando o equilíbrio dos botes. Durante quase uma hora tentamos amarrar o rabo da baleia, utilizamos as mais diversas e mirabolantes técnicas para não precisar entrar na água. Mas não conseguimos.

O único jeito seria mergulhar e entrar debaixo dela para cumprir a tarefa. O cenário não era nada convidativo: o animal estava cheio de mordidas de tubarão, como se fosse um sanduíche gigante, e com as vísceras para fora. Para completar a cena sinistra, no fundo do mar, ao menos dois tubarões (talvez houvesse mais, que não conseguíamos enxergar) faziam a baleia de restaurante.

Enquanto tentávamos concluir a tarefa, três pescadores nos observavam de um barco a distância. Um deles nos chamou, pois viu ali a possibilidade de ficar com um pedaço da carcaça de baleia para fazer isca para tubarão. Fomos em sua direção, e ele subiu no bote. Voltamos para a região onde estava a baleia. O pescador, então, pegou o cabo com uma mão e se jogou na água, de pé. Ficamos assistindo ele ir até o fundo, bater na pedra, pegar impulso e voltar pelo outro lado, onde estava o rabo da baleia. Todo melado de fezes e óleo do animal, deu o nó no cabo, completando o serviço. Apesar de suas condições, ele vibrava porque agora poderia amarrar o laço e puxar o animal. Os tubarões, definitivamente, não faziam parte das preocupações do nosso amigo.

Levamos a extremidade do cabo até o barco de pesca e voltamos para a base da Marinha. Estávamos morrendo de frio, com roupa molhada pela chuva e pelo mar, exalando um cheiro horrível. A convite da Marinha, tomamos banho no alojamento, em terra firme. Ao voltar para o barco, secos, limpos e quentinhos, passamos pelo barco de pesca onde avistamos o nosso herói, sentado no dorso daquela baleia em estado avançado de decomposição, com as pernas posicionadas uma de cada lado do animal, fatiando-o em pedaços para fazer iscas. Pode parecer uma cena estranha para quem não está acostumado à vida no oceano, mas em regiões como aquela é comum essa interação humana com o ambiente marítimo. A baleia era grande demais para ser levada à terra firme.

Eu não conseguia entender uma palavra do que falava o pescador. Parecia um dialeto, embora fosse português. Era incompreensível para um paulistano fajuto como eu. Apenas o oficial da Marinha conseguia decifrar suas palavras.

Outro pescador estava sentado na borda de seu barco, vestindo apenas uma sunga e um agasalho, totalmente encharcado e trêmulo de frio. A temperatura era de aproximadamente 12°, mas por causa da ventania a sensação térmica era de 8°. Não entendemos por que ele permanecia ali. Então o Rafa perguntou se estava tudo bem. O pescador falou que sim, que estava apenas dando uma "barrigada", que significava evacuar. Logo que terminou a atividade, voltou para o convés do barco e foi direto limpar o peixe que seria o nosso jantar. Tudo muito orgânico.

Uma das histórias de Abrolhos que os oficiais da Marinha nos contaram naquela noite foi sobre as cabras, que povoam o lugar. Segundo eles, esses animais foram introduzidos na ilha na época da ditadura militar. Inicialmente, o intuito era que elas se reproduzissem e, assim, servissem de alimento às pessoas. Entre os militares era comum matar os animais a tiros e, em seguida, fazer churrasco. Até que, certa vez, um soldado acabou matando, equivocadamente, uma cabra reprodutora de um alto oficial da Marinha. Desde então, ficou proibido atirar em qualquer cabra do lugar. Para caçá-las, era preciso se jogar em cima delas e agarrá-las como num jogo de rúgbi. Tentei ser convidado para uma caçada, mas não rolou. Até hoje não sei se era lorota do pessoal da Marinha ou se deixei a ilha cedo demais.

Outro personagem importante na fauna local é o atobá, uma ave marinha. O ambiente árido é propício à proliferação dessa espécie. São tantos ninhos espalhados pela ilha que precisávamos nos desviar deles enquanto caminhávamos.

Nessa época, o Bravo ainda não tinha telefone satelital, que funciona em qualquer lugar. Por isso eu só ligava para casa por Skype, quando encontrava internet pelo caminho. Em Abrolhos, por exemplo, wi-fi era uma palavra inexistente, portanto não consegui me comunicar com a Carol.

Ficávamos dias sem nos falar. Para evitar que ela se preocupasse excessivamente, eu costumava ser conservador nas estimativas sobre o tempo que levaria para concluir as travessias de cada trecho. Imaginava sempre que o percurso seria lento e sem a ajuda do vento. As nossas conversas costumavam ser tranquilas e amenizavam ao menos um pouco a saudade que eu tinha dela e das meninas.

Já para a Marina e a Sofia, era um pouco mais difícil entender a situação e lidar com a falta que sentiam do pai. Às vezes, depois das nossas conversas, elas choravam ou ficavam bravas. Não era moleza para a Carol ter de lidar com essas situações.

Da minha parte, era difícil ficar sozinho em alguns momentos e saber que minha escolha causava consequências indesejáveis para outras pessoas tão importantes para mim. Mas essa era a minha escolha.

O inusitado conserto do motor

Nessa época, eu ainda enjoava muito no barco, vomitava com frequência nos primeiros dias de travessia, mas o problema foi passando ao longo dos meses. O enjoo é uma sensação extremamente desagradável que acaba com a diversão. Concluí, na prática, que esse estado físico estava diretamente ligado à insegurança. Fui percebendo que, quando estava enjoado, era importante me conscientizar disso, fazendo um exercício racional. Pensava e tentava visualizar: "Estou em um barco, que está flutuando na água e, por isso, está mexendo". Esse comando didático para o cérebro ajudou a diminuir o enjoo. Cientificamente, enjoar nada mais é do que a consequência do desencontro de informações recebidas pelo cérebro e pelo labirinto. Uma vez que fazemos um ajuste, "explicando" para o corpo que naquele momento é assim mesmo e está tudo bem, a tendência é que o conflito diminua ou até desapareça. Já quando se está assustado, com medo ou estressado, o mal-estar tende a piorar. Aos poucos, fui aprendendo a relaxar nas travessias.

Depois de abastecer o tanque com alguns galões de óleo diesel que levamos amarrados no convés, o Rafa e eu saímos de Abrolhos com uma previsão de ventos fracos até Salvador. Errado de novo. Pegamos uma pauleira com ventos de quase 30 nós – na cara (contra).

Havíamos deixado para abastecer o último galão em mar aberto na manhã do dia seguinte, mas, devido ao mau tempo, o consumo de combustível foi maior do que prevíamos, e, por isso, o motor parou durante a madrugada. Tentamos pegar um dos galões que ainda restavam no convés. Mas como o mar estava picado e agitado, e o vento era forte e incessante, a água das ondas varria o convés e nos deixava encharcados, apesar da roupa apropriada para a situação. Não conseguíamos concluir uma tarefa tão simples quanto abastecer o barco.

Quando finalmente despejamos um galão de 25 litros de combustível no tanque (e, claro, também ao redor dele, por causa do balanço do barco), o motor não pegou. O problema persistia.

Seguimos velejando, já que não restava alternativa, até que o vento começou a aumentar rapidamente. A intensidade foi tanta que rasgou a vela. Aí estava mais uma manutenção para fazer com o barco em movimento. Tivemos que trocar a vela à noite, debaixo de uma "pancadaria" de mais de 30 nós de vento na rajada. Foi punk. Mas deu certo. No meio desse caos, um peixe-voador caiu no convés. De lá, foi direto para a frigideira e fez a alegria da tripulação, que só comia Cup Noodles havia três dias.

A maré começou a melhorar dentro do barco. O leme de vento, que é como um piloto automático, funcionava maravilhosamente bem. Aquela era uma das primeiras vezes que eu experimentava o equipamento, que não é tão prático para passeios curtos, mas funciona muito bem durante grandes travessias em mar aberto, onde pequenos desvios de rota podem ser tolerados. Considero a autonomia proporcionada por esse piloto automático um dos aspectos mais bacanas da vida no barco. Ele mantém o rumo do veleiro em relação ao vento. Como o vento não muda tanto de direção em mar aberto, a variação do rumo não é muito grave.

No caso do Bravo, que tem motor, é possível recorrer a ele quando o vento não está forte o suficiente ou na direção favorável. Mas em longas travessias é preciso manter atenção ao equilíbrio entre o uso ou não do motor, para não desperdiçar combustível. Essas decisões são recorrentes dentro do barco. Até aquele momento, eu não precisei lidar tanto com esse dilema, porque os trechos eram mais curtos do que os que viriam a seguir, e o motor parava de funcionar por conta própria.

Entramos velejando na Baía de Todos os Santos com o vento soprando a gostosos 15 nós. O mar estava liso, sem ondas, protegido pela baía. Eu já não queria mais vender o barco.

Cem por cento sustentável

Por indicação do Rafa, durante aquela travessia eu li o livro *Na Natureza Selvagem*, do jornalista e alpinista americano Jon Krakauer. É a história real de um jovem rico que termina a faculdade e parte para uma aventura sem contar à família e aos amigos. No Alaska, ele tenta viver de maneira totalmente independente, em uma região inabitada por outros humanos.

Eu me identifiquei com o protagonista do livro, afinal nós dois estávamos em busca de uma vida à margem das convenções sociais. A leitura me fez refletir sobre a busca da liberdade por trás dessa escolha. Eu havia partido sem levar câmera fotográfica. No início, não sentia necessidade de compartilhar aquela experiência com ninguém. Por isso, registrá-la não era algo que ocupava minha cabeça.

Deixei o veleiro com o Rafa em Salvador e peguei um avião para São Paulo. Foi a primeira vez que voltei para casa desde o início da viagem. Mas foi uma passagem rápida, apenas para pegar a Carol e as meninas e voltar a Salvador.

No avião, eu pensava: "Que coisa fantástica que é o avião! Em apenas duas horas faço o mesmo trajeto que levou aproximadamente 11 dias de navegação. Mais rápido do que a estrada que pegamos para chegar até Ubatuba. Mais rápido, mais confortável e mais barato". Existe um ditado popular entre os velejadores que diz: "Velejar é estar vestido debaixo de um chuveiro frio enquanto rasgamos dinheiro". Apesar desse monte de "mais", cada dia daquela viagem que começara cerca de três meses atrás havia sido muito legal.

Antes da diversão em família, eu tinha uma obrigação a resolver. Precisava, mais uma vez, tentar consertar o motor que estava me deixando na mão. Durante a subida da costa brasileira, sofria duplamente: por não entender o que estava errado com o motor e por sentir aquele odor horrível. Em Salvador, eu já estava desconfiado do que causava o desajuste, mas preferia não acreditar na possibilidade.

Contratei, então, um mecânico para me ajudar na investigação. Falei para ele ficar observando o cano onde entrava o respiro do motor enquanto fui para o banheiro. Apertei a descarga para ele ver se algo acontecia no cano. Pois é. Aconteceu. O mau cheiro e a sujeira no diesel não estavam relacionados à má qualidade do combustível. Era merda mesmo. O respiro, ou seja, a mangueira por onde entra ar no tanque de combustível estava ligada à descarga da privada. A boa notícia é que, finalmente, conseguimos consertar o problema.

Esse é um exemplo de adversidade que talvez eu pudesse evitar, ou resolver mais rapidamente se tivesse me envolvido mais diretamente na preparação do barco, e se tivesse mais habilidade para fazer a manutenção sozinho. Como terceirizo a maioria dos serviços elétricos e mecânicos, estou mais sujeito a trabalhos malfeitos como aquele. Episódios como esse me fizeram aprender na prática alguns detalhes do barco.

Diante desses perrengues, me deparava novamente com a sensação de contrariedade. Não foi isso que imaginei para a minha viagem. Quando pensava em morar num barco, a imagem que criava na cabeça era muito mais de um mar lindo e transparente, com golfinhos pulando, do que da água da privada indo parar no motor e, eventualmente, na minha boca.

Alguns questionamentos voltavam a invadir minha mente: "Será que vale a pena todo esse perrengue? É isso mesmo que quero? Vou continuar essa viagem sozinho?". Ao final das perguntas, a resposta era "sim".

A vida em um veleiro tem outro ritmo. Um ritmo sobre o qual temos muito pouco controle. E demora um tempo até percebermos que somos nós que temos que nos adaptar e que não adianta reclamar nem xingar o vento.

Hoje eu arrisco mais, não tenho mais medo de enfiar a furadeira no convés, como li em algum lugar. Sei mais sobre a manutenção do que sabia em 2008, mas estou longe de ser o "rei do faça você mesmo".

O espaço dentro da cabine não tem mais de 20 metros quadrados. Conviver ali exige disciplina, paciência e tolerância. Os primeiros dias são os mais difíceis, mas se as regras básicas da boa convivência forem respeitadas, a experiência vai ficando mais confortável e agradável com o tempo.

Os recursos também são restritos: não podemos levar muita roupa porque não cabe no barco. Nas regiões tropicais, ficamos o dia inteiro só de bermuda. A quantidade de comida, água e combustível é limitada. Convivendo com algumas dessas limitações tão distantes da realidade da maioria das pessoas que vive nas cidades, rapidamente aprendemos a distinguir o essencial do desnecessário.

Um dos aspectos mais legais de morar num veleiro é não depender de fontes externas de energia. Nem para se locomover, nem para ter acesso a eletricidade. A bordo do Bravo, eu gero minha própria energia com a ajuda do vento e do sol. Para isso havia dois mecanismos. O primeiro era um painel solar de 75 watts que instalei em Salvador, que produz sete amperes por hora num dia ensolarado. Como base de comparação, uma geladeira consome cinco amperes por hora. O segundo recurso era um gerador eólico (que instalaria no Caribe). Ele tem a forma de um cata-vento gigante acoplado a um alternador que converte a força do vento em energia elétrica. Com esses equipamentos eu conseguia manter as baterias carregadas e tudo funcionando no barco sem nenhuma fonte externa de eletricidade. Geladeira, luzes da cabine, computador, fogão e tudo o mais que eu precisava era abastecido de forma 100% sustentável.

Pescava minha comida, me locomovia sem o motor, usando como único combustível o vento – que, aliás, me ajudava a carregar as baterias que serviam para manter gelado o peixe do dia anterior. Ou seja, não precisava de nada nem de ninguém. Uma das melhores sensações que senti na vida.

Alguns dias não é para sempre

O Rafa desceu do Bravo em Salvador. Subiram a bordo a Marina, a Sofia e a Carol. O clima estava leve, muito diferente do que vivemos em Angra quando decidimos que eu seguiria sozinho. O fato de a viagem não ser mais "para sempre" fazia toda a diferença para a Carol.

A troca na tripulação me fez sentir a casa cheia novamente. O Bravo voltou a ser um lar flutuante, mas tivemos notícia de pirataria na região. Algumas pessoas haviam sido assaltadas em seus barcos. Então, para nos proteger, dormimos dentro da marina durante nossa estadia.

Passamos em Salvador o Natal e o Ano-Novo. A festa de *réveillon* foi na marina, em frente ao Elevador Lacerda e ao Mercado Modelo, dois pontos turísticos da capital baiana. A nossa festa a bordo teve bexigas, cachorro--quente, champanhe, rock 'n' roll e músicas infantis. Apagamos as luzes e, com lanternas acesas na cabeça, fizemos a maior farra. As crianças adoraram, e as comemorações no barco se tornaram uma instituição.

Depois de alguns dias, atravessamos a Baía de Todos os Santos e chegamos a Itaparica, onde havia ainda mais ocorrências de pirataria. Mesmo assim, decidimos ficar alguns dias por lá. Compramos caranguejos de pescadores que estavam puxando a rede. A Carol pensou que a Marina ficaria com pena dos bichinhos ainda vivos. Enquanto eram colocados na água fervente, ela falava: "Papai, eu quero os meus bem morridos". Alguns dias após o Ano-Novo, a Sofia aprendeu a andar a bordo do Bravo.

Passamos em Salvador novamente para abastecer o barco e seguimos rumo à Praia de Gamboa, próximo do Morro de São Paulo. Durante a viagem, que durou cinco horas, pegamos um peixe. Joguei a linha novamente e peguei outro enquanto limpava o primeiro. Fiquei contente, até perceber que a tripulação estava assumindo uma coloração "amarelo vômito". Resolvi parar com a pescaria antes que precisasse limpar algo mais do que peixe.

Chegando a Gamboa, nossa rotina mudou. Naqueles dias, a vida se resumia a acordar, tomar café no barco e ficar na praia até o fim da tarde, onde a Marina brincava com seus novos amigos que, como ela dizia, "não precisavam de protetor solar" porque não eram tão sensíveis quanto ela aos raios de sol. Passamos dias muito bons naquela praia, mas no começo apanhamos um pouco com as grandes mudanças de maré.

A Lua estava cheia. A variação de profundidade do mar era enorme, fazendo com que a corrente que sobe e desce o rio Cairu, próximo dali, fosse muito forte, impactando diretamente no mar. Essa corrente pode chegar a 3 nós. Isso fez com que o Bravo, ancorado, "navegasse" sozinho por cima da âncora. Em duas ocasiões, essa navegada o soltou do fundo. Conforme dita a lei de Murphy, é claro que isso acontecia principalmente de madrugada, quando todos estavam dormindo.

Quando se vai ancorar o barco, há geralmente duas alternativas. Em alguns lugares, há o que se chama poita. Trata-se de um bloco de concreto enorme, que pesa toneladas e tem uma alça, na qual é colocada uma corrente. Essa corrente, por sua vez, é amarrada numa boia, que fica na superfície da água. O barco fica preso numa alça que fica no fim da corrente, junto à boia. É a forma mais segura de ancorar.

A segunda alternativa é jogar, para o fundo do mar, a âncora que é carregada no barco. Ela tem ganchos na ponta que entram na areia, fixando-se no local. Fica presa ao veleiro também por uma corrente que termina em um cabo.

Com o vento o barco se movimenta, mas só até o limite permitido pela corrente presa à âncora. Quando se está em uma "boca de rio", porém, essa regra não é tão segura. Empurrado pela corrente, ele pode avançar sobre a ancoragem e se soltar. Foi o que aconteceu com o Bravo.

A pior foi a primeira vez. A âncora se soltou, e o barco começou a bater no fundo às três horas da manhã. Só a Carol acordou, além de mim. Tive que mergulhar, pois o cabo da âncora estava passando por baixo do casco e poderia enroscar na hélice se eu tentasse ligar o motor para me afastar.

A batida foi "seca", o que indicava que não havíamos simplesmente encalhado no fundo da areia ou no lodo. Era batida em algo mais duro. Amarrei uma boia no fim do cabo e o joguei com tudo no mar, desconectando-o do veleiro e fugindo daquela armadilha.

No dia seguinte, fui buscar a âncora e verifiquei que havia alguns recifes no local. A fibra em torno do fundo da quilha[11] havia rachado e se soltado. Mas, por sorte, o barco não sofreu nenhum dano estrutural aparente.

Um dos grandes problemas para a navegação nessas águas é que toda a região é muito rasa e as bocas de rios (onde ficam os ancoradouros) não são cartografadas. Tinha que jogar duas âncoras, uma pela proa e outra pela popa, para evitar que o barco navegasse sobre o fundeio[12].

Com essa experiência, ficou claro que o lugar não era seguro para ancorar, por isso procurei outras possibilidades na região. Ainda de manhã chegamos à Praia Ponta do Curral, linda, a dez minutos de Gamboa. Passamos o dia por lá.

As meninas brincavam à beira do mar, enquanto eu as assistia da areia. A Carol fazia faxina no barco ancorado. De repente, me dei conta de que o Bravo estava se movimentando em direção à praia. Se continuasse, iria encalhar na areia ou, pior, poderia bater em uma pedra, quebrar e afundar. Pela segunda vez, a âncora havia se soltado e o vento e a corrente conduziam o barquinho para o desastre. A Carol não percebeu o que havia acontecido e continuava entretida em sua limpeza. Na hora em que vi aquela cena, comecei a gritar: "Carol, pula na água, vem ficar com as meninas!".

---

11 Peça que fica na parte de baixo do barco, que se estende na vertical e serve para equilibrar o veleiro.
12 Local onde a embarcação lança a âncora.

Ela mergulhou e começou a nadar em minha direção, mas percebi que não daria tempo de esperá-la chegar. O Bravo ganhava velocidade em direção às pedras. Então, falei para as crianças: "Fiquem aqui, a mamãe já está chegando". E pulei no mar. Elas ainda não sabiam nadar e ficaram sozinhas na praia.

Atravessamos, a Carol e eu, em direções contrárias, cerca de 100 metros, tão rápido que provavelmente batemos nossos próprios recordes. Ao fundo, os gritos das meninas que não entendiam o que estava acontecendo.

A Carol ficou muito brava comigo naquele dia. Não se conformava com o fato de eu ter deixado as nossas filhas sozinhas na areia para salvar o Bravo. Por sorte, elas não foram atrás da gente na água.

Quando alcancei o barco, ele já estava tão próximo das pedras que, dessa vez, não deu tempo de amarrar uma boia no fim do cabo que lancei ao mar. Fui achar a âncora uma semana depois, com a ajuda de dois mergulhadores (diga-se de passagem, tudo "no peito", pois não tinha cilindros).

Esse episódio foi um marco para a Carol, que reafirmou para si mesma a decisão de não viver no barco com as crianças, como ela relatou mais tarde:

Quando vi o Matias entrando no mar e deixando as duas bebês, que estavam com ele, sozinhas na areia, saí nadando muito rápido. Em um momento como esses, eu quero que o barco "se dane" e bata onde bater. Na minha cabeça, só passava que as meninas iam atrás dos pais na água. Que bom que elas não foram.

Apesar do susto, ficamos em Gamboa por quase duas semanas.

De volta a Salvador, recebemos a visita dos meus pais por alguns dias. Ao todo, foram 40 dias de férias. Até que chegou o momento de a Carol e as meninas arrumarem as malas. Eu assistia àquela cena já com uma angústia antecipada pelo retorno delas a São Paulo. A vida a bordo com duas crianças pequenas é muito intensa e também muito agradável. Nunca passei tanto tempo na companhia das minhas filhas e da minha esposa. No começo é difícil, mas depois é bom demais. Não queria outra coisa da vida.

Antes de seguir viagem, ainda precisaria fazer algumas manutenções no barco. A etapa seguinte até o Caribe seria longa, e só reencontraria as meninas dali a cinco meses, em junho, quando levaria a Marina para a Disney.

A despedida seria brutal e se tornaria o maior desafio dessa jornada de dois anos e meio ao redor do mundo.

CAPÍTULO 9
De Salvador a Fortaleza

Tão difícil quanto a separação da minha família foi o percurso da viagem que veio a seguir. Após o retorno da Carol e das minhas filhas para São Paulo, tive uma semana de trabalhos intensos no barco. Depois, com o Bravo em ordem, saí de Salvador numa quinta-feira, véspera de Carnaval, enquanto o prefeito da capital baiana entregava a chave da cidade para o rei Momo. A festa estava começando na Baía de Todos os Santos.

A baía é gigantesca, e assim que se ultrapassa o limite do Farol da Barra é comum encontrarmos um mar violento, com ventos e correntes muito fortes – principalmente para quem, como eu, subia em direção ao Nordeste, rumo a Recife. Era fim de tarde, eu tinha acabado de zarpar, teria três dias de navegação pela frente. Estava inseguro e, logo no início da viagem, liguei para casa.

Já tinha feito aquela travessia antes e não tinha sido fácil chegar ao destino, mas dessa vez havia outro ingrediente, além das condições de mar e vento, que me tirava o sono. Era a primeira vez na viagem que eu estava solitário.

O vento começou a apertar enquanto minha filha mais velha, Marina, atendia o telefone:
– O que você está fazendo, papai?
A pergunta me acertou como uma onda desgovernada.
– Cuidando do Bravo – respondi, ainda meio atordoado.
– E por que não está cuidando de mim?
Seguiu-se um breve silêncio. Minha voz ficou embargada, mas logo depois consegui dominar a emoção. Estava prestes a dar uma resposta, provavelmente ainda mais imbecil que a primeira, em seguida a ligação caiu por falta de sinal. Só conseguiria falar com elas de novo dali a três dias, quando chegasse ao destino.
Mais tarde, a Carol me contou que a Marina estava sentadinha na escada com o telefone na mão, e caiu no choro.

Sem tempo para sofrer

Ao ultrapassar a linha do Farol da Barra, eu já não estava mais abrigado pela Baía de Todos os Santos. O mar se agitava e o vento continuava a aumentar. Os coqueiros da costa pareciam estar prestes a levantar voo. A situação ameaçava sair do controle. Era preciso reduzir as velas imediatamente para manter o equilíbrio da embarcação. Precisava ajustar o rumo também.
Apesar da vontade que eu sentia, as circunstâncias não me permitiam sentar e chorar. Comecei a ficar sentimental. Aquela perda de contato com minha filha, num momento crítico para ambos, foi um instante triste da viagem. Foi quando dei um ultimato a mim mesmo: "Agora vou saber se vou ou não". Confesso que quase desisti.
Durante os mais de dois anos que durou essa viagem, passei por grandes dificuldades. Quase caí na água, capotei, afundei (como contarei mais adiante). Nada, porém, se compara a esse turbilhão emocional que experimentei no começo da viagem. Talvez o outro turbilhão que acontecia simultaneamente – o marítimo – tenha servido para que eu me concentrasse em controlar a situação e salvasse o Bravo do desastre, me desviando, assim, da dor daquela conversa interrompida..
Desci para a cabine e coloquei um tango para tocar, *Adios Nonino*. Um clássico de Astor Piazzolla que tem o poder de me trazer lembranças

tristes, da época em que morei em Buenos Aires. O vento forte fazia com que a parte superior das ondas fosse varrida e molhasse o cockpit do Bravo. Melhor assim.

Passado esse momento crítico, após ter dominado a situação, vi que o GPS previa um tempo de 78 horas para a chegada ao meu destino – mais do que os três dias previstos no início do trajeto. Meu irmão Ramiro, que me encontraria em Recife para a travessia até Fernando de Noronha, só chegaria dali a quatro dias, então estava dentro do cronograma. Eu navegava contra o vento, e a corrente contrária me roubava o equivalente a quase quatro quilômetros por hora (pouco menos de duas milhas náuticas por hora). Era como correr numa esteira rolante. Lembrei-me da última vez em que havia feito esse trecho com o Bravo e de como desviava da corrente, navegando perto da costa.

Precisava tomar uma decisão: navegar costeando o continente, para diminuir o impacto da corrente contrária, ou me manter um pouco mais afastado. Se eu escolhesse a primeira opção, não pregaria o olho, pois o trânsito de embarcações é muito intenso ao longo da costa. Se me afastasse dela, poderia dormir mais tranquilo. Optei por uma navegação próxima da costa durante o dia, fugindo para mar aberto durante a noite.

Passei da profundidade de 40 metros, onde não encontramos mais os pesqueiros e suas redes estendidas no mar, e ajustei o alarme do relógio para despertar a cada 15 minutos. À medida que eu ia me afastando da costa e ganhando o mar aberto, a cor da água ia se transformando num azul cada vez mais escuro até deixar para trás qualquer tonalidade de verde. Como pude verificar depois, a coloração muda novamente quando saímos da plataforma continental, onde a profundidade alcança 2 mil metros com facilidade.

Com o tempo fui ficando mais relaxado e aumentando o espaçamento entre os turnos – descansava durante uma hora e meia, uma grande evolução!

No segundo dia o vento apertou e, antes de escurecer, quando já passava de 20 nós, fiz um rizo na vela mestra. Esse procedimento consiste em reduzir a área de exposição da vela ao vento, baixando-a ao longo do mastro e fixando as extremidades (testa e valuma) à retranca, aquela verga perpendicular ao mastro principal. No meio da noite, tive que reduzir novamente a vela, pois o vento continuou aumentando. Àquela altura, enfrentava rajadas de até 27 nós, bem além do desejável.

O dia seguinte amanheceu ensolarado. Eu estava em alto-mar. Já não via terra firme. Não havia barcos, redes de pesca, nada mais ao redor. Consegui corrigir meu rumo diretamente para Recife e fiz uma "navegada" brilhante. Coloquei o leme de vento para trabalhar, deslizava a 10 nós sem gastar diesel nem baterias. Carregava um monte de água no tanque, um monte de combustível no reservatório e bastante comida. O Bravo andava rápido e estava bem equilibrado. Mais importante que isso, eu também havia recuperado o meu equilíbrio.

Cheguei a Recife na tarde de domingo e pensei: "Agora vou aonde quiser, ninguém me para mais. Se consegui chegar até aqui, o resto é bolinho". Foi aí que a viagem realmente deslanchou.

Alguns dias depois, o Bravo partia para Noronha com meu irmão, Ramiro, e sua namorada na época, Raquel, como os novos tripulantes.

Em outra travessia excelente, com vento e mar a favor, velejávamos rápido, quando, de repente, a linha de pesca que levávamos amarrada na popa disparou. Recolhemos a linha e vimos a enorme cavala que acabava de ser fisgada. Fizemos de tudo: ceviche, sushi, sashimi, peixe assado, e nada do bicho acabar. Depois de três dias, já não aguentávamos mais comer tanto peixe.

Nossa estadia em Noronha durou até a segunda-feira seguinte. Ramiro e Raquel voltaram para São Paulo, e às seis da tarde eu saía do porto rumo a Fortaleza. Foi uma viagem chata e, na falta de vento, fui a motor. Após 50 horas eu estava chegando a Fortaleza.

Assim como acontece com as aeronaves, quem navega sabe que o momento mais perigoso de qualquer travessia costuma ser a aproximação da terra, também conhecida como aterragem. Começou a chover muito forte e a visibilidade ficou péssima. Eu avançava com a ajuda dos instrumentos (radar e GPS), quando avistei, à frente da proa, algo que parecia ser um navio, com todas as luzes apagadas. Por precaução, resolvi passar pela popa dele, pois ainda tinha dúvida se ele estava realmente ancorado. Consultei a carta do GPS e vi que não teria problemas, pois não havia nenhuma obstrução no caminho e a profundidade era boa.

Fui avançando e, quando cheguei perto daquela enorme estrutura, percebi que era mesmo um navio – porém, naufragado. Estava em cima de um enorme recife que aflorava na água a poucos metros da minha proa. Meu coração foi parar na boca e girei a roda do leme de uma só vez para bombordo, na tentativa de voltar a um rumo de 180 graus. Assim, evitaria outros recifes que porventura estivessem à minha volta. Foi por muito pouco que não me dei mal. O naufrágio, depois constatei, até consta na carta, mas está indicado no lugar errado.

Finalmente atraquei em Fortaleza, minha última escala no Brasil. Dali sairia no dia 20 de março para Trinidad e Tobago, no Caribe. Seria uma perna longa, com duração de 10 a 15 dias, na companhia de outro amigo, o Adriano. Mas, antes disso, peguei um avião e apareci de surpresa em São Paulo, para matar a saudade das minhas três mulheres. E para cuidar um pouco da Marina.

CAPÍTULO 10
A primeira grande travessia: de Fortaleza a Grenada

Eu me encontrei em Fortaleza com Adriano, um amigo que me acompanhou no trajeto até Trinidad e Tobago, no mar caribenho, próximo à costa da Venezuela. Foram oito dias de travessia, o meu recorde de tempo no barco até então. Um percurso fantástico, com muito vento a favor. Tanto que acabamos decidindo não aportar em Belém, a última escala brasileira possível antes de chegar ao Caribe.

Essas travessias mais longas exigem que pensemos nas estratégias e no tempo de uma forma diferente de quando navegamos por trechos curtos. O tempo não se mede mais em horas, mas em dias. Algumas das decisões que precisamos tomar são muito estratégicas. Logo nos primeiros dias desse percurso até o Caribe, tive que tomar uma decisão difícil, que consistia em dosar o tempo de navegação entre os momentos em que poderia velejar, impulsionado pelo vento, e aqueles em que deveria usar o motor do barco.

Quando se tem um motor, a dependência de fatores externos é menor. Por outro lado, há restrições. Eu levava 450 litros de combustível a bordo: 250 no tanque e o resto em galões de 25 litros, amarrados no convés. Se navegasse apenas com o motor, poderia ficar até quatro dias em alto-mar. Mas estimava que a travessia duraria 12 dias. Então, essa quantidade de combustível não seria suficiente.

Quando saímos de Fortaleza, não havia vento e foi preciso acionar o motor durante o tempo todo, por dois dias. Com isso, consumimos cerca de metade do combustível. Seria sensato, portanto, entrar em Belém para reabastecer e ganhar mais quatro dias de autonomia.

Mas eu resistia. Estava tentado a arriscar o rumo direto até Trinidad e Tobago. Quando começava a ficar otimista, colocava o rumo dois grauzinhos para lá, na direção de Trinidad; quando ficava pessimista, dois grauzinhos para cá, rumo a Belém. As mudanças eram feitas de hora em hora.

Quando estávamos perto de Belém, começou a ventar cada vez mais forte – um vento nordeste muito favorável, de través[13]. O barco acelerou, passou a andar mais rápido e decidimos não entrar em Belém, onde perderíamos pelo menos mais um dia de desvio de rota.

Não repusemos o combustível, mas, em compensação, não gastamos mais nada. Velejamos aproximadamente 70% do tempo, o que nos possibilitou fazer singraduras[14] extremamente altas, até mesmo para um veleiro de competição como o Bravo. As condições para navegação não poderiam ter sido melhores. Para dar uma ideia desse desempenho, basta dizer que chegamos a Trinidad antes de uma lancha que saiu de Fortaleza junto conosco.

Depois da viagem, Adriano me mandou os trechos de um diário no qual anotou, dia a dia, nossos impasses e atitudes. São instantâneos da rotina de uma navegação como a que empreendemos juntos, alternando momentos de calmaria e tensão:

---

13 Em direção oblíqua, enviesada, que não é frontal e nem de trás.
14 Milhas náuticas navegadas a cada 24 horas.

Voando baixo no Expresso Bravo

24/25 de março de 2009

Finalmente, após muita burocracia e espera para conseguir os papéis de liberação da embarcação, Matias e eu conseguimos levantar âncora da marina em Fortaleza a bordo do Bravo, seu MB45 repleto de mantimentos e diesel para a longa travessia até Trinidad.

Partimos de Fortaleza às 18 horas com rumo a 340 graus. Sem vento algum, fizemos turnos de duas horas cada, "motorando"[15] a embarcação durante a noite toda e parte do dia seguinte.

O dia transcorreu muito quente. Colocamos um corrico[16] na água para tentar a sorte e ficamos dividindo o tempo entre trabalhos a bordo, reparos, ajustes de algumas partes do barco e pulos no mar, pendurados por um cabo, para nos refrescar. A água é muito quente e, mesmo a mais de 100 milhas da costa, continua muito rasa, variando apenas entre 13 e 30 metros.

No final da manhã, recebemos uma forte chuva marítima que refrescou um pouco o dia e trouxe uma leve brisa. Foi então que levantamos as velas e, finalmente, começamos a velejar. Em um determinado momento, o vento se intensificou e conseguimos desligar o motor, mantendo uma velocidade de 8 a 9 nós por hora – uma média excelente!

Às 18 horas já havíamos completado 170 milhas, uma ótima singradura.

26/27 de março de 2009

Passamos mais uma noite calma, entre motor e vela, trocando os turnos sempre de duas em duas horas. Amanheceu um dia nublado e o vento foi apertando aos poucos, até que alcançou a média de 20 nós, fazendo com que o Bravo voasse baixo pelas águas do Atlântico. Por volta das 14 horas, percebemos que atravessávamos a linha do Equador. Festa a bordo, estávamos no hemisfério norte!

---

15 Termo utilizado por velejadores quando um veleiro navega a motor em vez de a vela.
16 Linha com anzol e isca artificial que se lança na água enquanto a embarcação desliza.

O dia corria tranquilo e a velejada estava ótima. Colocamos o corrico novamente no mar e, enquanto líamos no convés, a linha deu um salto, disparando para a água. Eu, que estava ao lado, agarrei-a com as duas mãos e acabei "fritando" todos os meus dedos de uma só vez, talhando um corte de ponta a ponta em ambas as mãos. Berrei e soltei a linha, quando o Matias, já ao lado, pegou a luva e a agarrou. Ele foi puxando a bordo, mas o peixe que a tinha beliscado não estava mais lá. Ficamos perplexos pela dentada que estava marcada na isca. Nunca saberemos que peixe era, mas era grande!

Passado o susto, o Matias (sempre esfomeado) preparou uma salada grega de almoço, que estava perfeita! Feita a refeição, a tarde passou agradavelmente com o Bravo fazendo uma ótima média de 9 nós. O vento foi apertando aos poucos e ficou tão forte que tivemos que diminuir o tamanho da vela e, apesar disso, ainda conseguimos aumentar nossa velocidade.

Continuaremos assim durante a noite, pois o vento está nos ajudando e empurrando o Bravo para nosso destino final: porto de Chaguaramas, Trinidad.

28/29 de março de 2009

Mais uma noite a bordo. O corpo já está se acostumando a dormir apenas duas horas por noite, e levantar já não está sendo mais um pesadelo. Nessa última noite tivemos muito vento, o barco navegou rápido e foi um pouco mais movimentado do que nas outras vezes.

Por volta das 5h30 vi o nascer do sol e parecia que, finalmente, teríamos um dia bonito. A manhã foi bem ensolarada e mereceu um mergulho nas águas azul-turquesa do mar aberto. A cor é impressionante, quase roxa. Adoro essa cor.

Colocamos o corrico na água novamente e, por sugestão do Matias, mudamos mais uma vez a isca artificial – trocamos o peixinho por uma lula.

Mais tarde, assim que pisei no convés, a linha do corrico pulou e corremos para ver o que era. Finalmente haviam mordido nossa isca! Um peixe azul-prateado de mais ou menos três quilos veio a bordo, para alegria geral. Limpo ali mesmo, foi direto para a geladeira –

almoço resolvido. O dia estava perfeito: céu azul, vento constante e forte, peixe pescado e, ainda por cima, minha máquina resolveu funcionar! Ah, nada como um domingo ao mar...

Como era um peixe pequeno, voltamos a jogar a isca na água e continuamos o dia – e que dia! Os peixes estavam pulando a bordo e pegamos mais um na sequência, um pouco maior e também bem parecido com o primeiro, dessa vez com uns cinco quilos. Limpamos e geladeira nele. Como já tínhamos o suficiente para os dois, resolvemos recolher a isca e tentamos novamente no dia seguinte. Afinal, peixe fresco é peixe fresco.

Almoço servido, fizemos um excelente sashimi do primeiro peixe, que devia ser da família do atum, pois sua carne era avermelhada e bem saborosa. Na sequência, um banquete de ceviche, muito bem preparado pelo Matias, com vinho branco e bolo de cenoura com chocolate de sobremesa. Um perfeito "pranzo di domenica" (almoço de domingo) a bordo.

O dia voou, e o Bravo também. Às 18 horas, batemos mais um recorde: 198 milhas navegadas. E dá-lhe vento!

29/30 de março de 2009

Como diz o ditado, "se a esmola é demais, o santo desconfia": à noite o tempo apertou e entramos em uma tempestade subtropical com muito vento forte, vagas de até quatro metros e muita, mas muita chuva. A noite estava um breu, sem lua e com chuva forte. (Assim que o vento apertou, resolvemos que era necessário enrolar a genoa, diminuindo a área vélica. Mas o enrolador travou e tivemos que baixar a vela, para voltar a subi-la depois. Como o vento estava muito forte, foi difícil executar a manobra. Terminamos exaustos.) O Matias e eu ficamos a noite toda acordados, cuidando das velas e do barco para passar a tormenta. Foi, sem sombra de dúvida, a pior noite a bordo.

O dia amanheceu igual, com muita chuva, vento e mar grande, e correu fechado, com tempo muito feio. Agora, ao menos, tínhamos luz para facilitar o serviço.

Estávamos mortos por causa da noite tumultuada, por isso ficamos o dia todo dormindo, lendo e tentando secar as coisas – estava tudo extremamente ensopado. Tivemos que trabalhar as velas o tempo todo, pois o vento variava bastante e soprava forte.

Apesar de tudo, o velejo rendeu: fizemos cerca de 190 milhas, o que acredito ter sido um bom resultado, levando em consideração toda a loucura que foi o dia.

1º/2 de abril de 2009

A noite veio com vento forte. Incrível, parece que estamos em um expresso. O Bravo não baixa de 9 nós, apesar dos trancos e de um certo desconforto com o mar, que já não está mais tão calmo. Mantemos a pegada e acordamos já em frente a Trinidad. Como íamos até Chamarangas, na parte noroeste da ilha, tivemos que velejar ainda por boa parte do dia até chegarmos.

Exatamente oito dias e 20 horas após a partida de Fortaleza, colocávamos novamente os pés em terra firme.

Paramos na marina Peaks, que Matias já tinha reservado, e conhecemos um francês que estava em um barco ao nosso lado. Simpático, nos deu uma carona até a imigração e à alfândega, onde somos obrigados a comparecer antes de pisar em terra.

Tudo resolvido, após uma burocracia e espera básica. Com os passaportes carimbados, pudemos desfrutar de uma refeição completa, sentados e sem balanços.

Final de tarde muito bonito na baía de Chamarangas. Almoçamos com o belo visual da marina e os barcos, inclusive o Bravo, que ficou aportado no píer bem em frente à nossa mesa! Amanhã começamos a explorar a ilha. Trinidad não é pequena, possui 4.768 quilômetros quadrados. Para comparar, Ilhabela tem apenas 348 quilômetros quadrados.

Adriano Lavezzo

Conheci o Adriano nos tempos da Escola Pacaembu, a primeira que frequentei em São Paulo depois que vim da Argentina para o Brasil. Nós nos afastamos quando mudei para a Escola Vera Cruz, depois nos reencontramos no Colégio Oswald de Andrade e estreitamos a amizade jogando rúgbi.

Adriano também costumava ir a Ilhabela durante a adolescência e velejou comigo algumas vezes – por isso o convidei para fazer essa parte da viagem. Ele foi o tripulante que mais participou da aventura, pois ainda me encontraria na Polinésia.

Escondendo sua inteligência debaixo de um jeitão de surfista tranquilo e desencanado, Adriano foi um dos pioneiros na prática das modalidades do *kitesurf* e do *stand-up paddle* no Brasil. Como ele é hiperativo, não conseguia ter um momento de sossego no Bravo, por isso acabou escrevendo esse diário de bordo durante o trajeto até nossa chegada a Trinidad.

"Go, Obama, Go!"

Trinidad e Tobago é um país composto por duas ilhas: Trinidad, que é a capital, e Tobago – uma ilha um pouco menor. Depois de passarmos pela imigração, onde inspecionam o barco para ver se não está levando drogas, armas, animais ou plantas, Adriano e eu ficamos trabalhando no barco por uma semana. Em seguida, velejamos para conhecer a ilha e sua população, que é uma mistura de etnias bem interessante. Predominam os negros, que devem representar mais de 80% da população, mas também há muitos indianos e chineses. As pessoas falam inglês, mas é dificílimo entender o que dizem, pois o sotaque é um misto de indiano com jamaicano, que deixa qualquer um maluco.

Ficamos amigos do eletricista da marina, que nos levou para conhecer a vida noturna de Trinidad. Fomos a um bar onde o pessoal dançava a "soka", um ritmo local que mistura calypso, um ritmo afro-caribenho tocado com tambores, com funk. Ver o pessoal dançando é uma diversão. Eles se vestem "à lá Michael Jackson", com direito a luvinha e cinto com fivelas bem espalhafatosas. Todos com capuz (apesar do calor) e uma toalhinha para enxugar o suor. Gostam de representar, fazem caras e bocas, simulam sexo com as parceiras de dança, que se arrumam com roupas e penteados extravagantes.

Em Trinidad, conhecemos o Manu, um francês jovem, vivendo sozinho a bordo de um barco pequeno e muito velho. Ele usava um chapéu de palha e estava com a pele vermelha de tanta exposição ao sol. Seu veleiro havia ficado sem motor e ele não tinha nenhum piloto automático a bordo, o que o obrigava a ficar no leme, ao relento o tempo inteiro. O Manu saiu de Belém e chegou a Grenada 12 dias depois da partida. Ele ainda estava conosco em Trinidad quando alugamos scooters para conhecer as praias. Primeiro fomos para Maracas, que mais parecia a Praia Grande em pleno domingão, lotada de gente. Depois partimos para Las Cuevas, uma praia muito bonita, rodeada de morros que lembram a Mata Atlântica.

Trinidad e Tobago é a entrada do Caribe, um ponto de convergência de velejadores de diferentes países. No píer de Trinidad em que o Bravo ficou amarrado, fizemos amizade com o pessoal dos outros barcos: havia dois barcos com bandeira da Espanha, um americano e outro francês. Na véspera de nossa partida para Tobago, fizemos um churrasco a bordo de um dos barcos espanhóis, e a festa se arrastou até de madrugada.

A viagem de Trinidad até Tobago foi dura: pegamos vento forte e corrente contra – e a ressaca da noite anterior não contribuía para o bem-estar. A viagem acabou durando mais do que esperávamos. Saímos de madrugada e chegamos aproximadamente 20 horas depois, bem cansados. Tivemos de passar novamente pela imigração em Tobago, pois, apesar de se tratar do mesmo país, as autoridades locais querem saber da movimentação de todos os barcos na região.

Infelizmente, o pessoal da imigração não é dos mais simpáticos. O oficial ameaçou apreender o veleiro, pois nos apresentamos no posto às 10 horas, quando deveríamos estar às 7 horas – horário em que eles abrem. Não adiantou falar que chegamos às 3 horas da manhã e que estávamos cansados.

O oficial estava irredutível, era grosseiro e nos ameaçava com represálias. Eu fui ficando irritado com a situação, que não fazia nenhum sentido. A minha vontade era de pular no pescoço do cara. Por sorte o Adriano estava junto e conseguiu contornar a situação.

Em Tobago, conhecemos o lado oeste da ilha, que é muito bonita, com água bem limpa e muito verde. Mergulhamos, surfamos e descansamos ali durante uma semana. Depois seguimos viagem para Grenada, que fica a umas 80 milhas de distância. Saímos à noite e chegamos na manhã do dia seguinte.

Em Grenada, encontramos os brasileiros Paulo e Fernando, que estavam embarcados no veleiro Axé. O Paulo é um publicitário de Santa Catarina. Ele deixava o barco lá, voltava para o Brasil, trabalhava em algumas campanhas políticas e depois retomava sua vida no barco. Com eles, alugamos um carro por dois dias e percorremos a região. Acabamos parando em uma trilha e encerramos com um trekking de cerca de meia hora, até chegarmos a uma linda cachoeira.

No domingo de Páscoa, fomos parar numa festa local, uma espécie de festa junina, com um monte de barracas de comida (uma mais esquisita do que a outra), cuja atração principal fica por conta das corridas – de crianças, adultos e cabras. Isso mesmo: cabras que correm junto com seus treinadores. A grande campeã foi uma cabra que venceu a prova sob os gritos de "Go, Obama! Go!". Seu nome era uma "homenagem" ao recém-eleito presidente dos Estados Unidos.

Foi em Grenada que me despedi de Adriano. Após deixá-lo no aeroporto, voltei a Trinidad, onde passaria mais uma semana trabalhando no barco para instalar um gerador eólico e um guincho para levantar a âncora, antes de retornar a Grenada.

Antes de embarcar, tive dois encontros marcantes. Um deles com um alemão chamado Armin. Ele vivia e trabalhava em um catamarã que estava reformando. Era uma dessas figuras "loucas" que se encontra pelo caminho. Também conheci uma senhora francesa encantadora, a Joelle. Devia ter seus 65 anos e estava à procura de uma carona de veleiro de Trinidad para Grenada, para onde voltaria após finalizar os trabalhos. Contou que era professora aposentada e havia morado no Rio de Janeiro. Navegadora de carteirinha desde a infância, resolveu não ficar em casa e trocou o bingo da terceira idade por uma vida de aventuras. Vivia embarcada em veleiros ao redor do mundo, e tinha muitas experiências interessantes para contar. Fizemos a travessia até Grenada juntos e não paramos de falar um minuto naquelas quase 20 horas. Obviamente, a realidade dos aposentados na França não é a mesma dos aposentados no Brasil, mas Joelle levava uma vida austera, sem grandes gastos. Entretanto, o mais marcante para mim foi a energia que ainda mantinha, a vontade de explorar e de se aventurar, a recusa em se esconder atrás da idade. Nunca mais tive notícias dela, mas adorei conhecê-la.

Em Grenada, atraquei em Prickly Bay, uma baía com alguns restaurantes e uma infinidade de veleiros ancorados ao redor. Lá há várias crianças que viajam nas embarcações e, nas noites de sexta-feira, rola um reggae de primeira qualidade na marina. Os pais levam as crianças, que ficam dançando até bem tarde.

Deixei o barco bem amarrado e peguei um avião para encontrar com as meninas e a Carol na Disney. Estava muito animado com o reencontro, fazendo planos e criando expectativas. Mas, ao chegar ao hotel, levei um balde de água fria. Elas estavam no hospital! A Marina estava com uma virose, que, alguns dias depois, passou para a Sofia. Mais uma vez, o destino deixava claro que não respeita agendas nem vontades, e que precisaria me adaptar à realidade. O ideal não existe, a não ser dentro das nossas cabeças.

A Disney havia se transformado num inferno e Mickey Mouse, na encarnação do capeta. A comida mais saudável que encontrávamos era cachorro-quente (salada, nem pensar), a água era mais cara do que refrigerante e a quantidade de obesos era de impressionar. Muitos visitantes, em vez de caminhar sobre as próprias pernas, preferiam andar em cadeiras de roda elétricas – obviamente equipadas com porta-copos de 500 ml sempre cheios de "refri".

No dia 19 de maio nós conseguimos sair daquele lugar. As crianças estavam um pouco melhor e, aos trancos e barrancos, seguimos para Grenada, onde o Bravo nos esperava para as merecidas férias no Caribe.

O primeiro dia no barco serviu para abastecer os tanques de água e a despensa com comida. Além disso, precisávamos ir à cidade para completar os trâmites da imigração. No dia 21, finalmente, estava tudo pronto. Fizemos nossa primeira perna até a Hog Island, que fica a poucas milhas de Prickly Bay: uma ilha rodeada de manguezais e água limpa, mas ainda um pouco esverdeada por causa da vegetação. Aproveitamos bem a praia, e no dia seguinte saímos para Sandy Island, mas o vento forte e o mar em corrente contrária não nos deixavam avançar.

Achei que a viagem estava ficando dura demais para a Carol e para as meninas, por isso resolvi entrar em David's Bay, baía com uma marina caindo aos pedaços e um restaurante localizado no píer. Jantamos por ali e dormimos cedo, para seguir viagem no dia seguinte. A viagem foi dura novamente. E elas, mareadas, sofreram bastante com os enjoos – especialmente depois que me viram matar o atum que fisguei no meio daquele mar agitado.

Ao chegar a Sandy Island, pelo menos pudemos saborear um delicioso sashimi com arroz japonês (aquele "unidos venceremos") e uma taça de vinho branco. Depois de almoçar, resolvi dar uma de "Indiana Jones" e tentar apanhar uns cocos com o arpão. É claro que deu merda! Acertei o tronco da árvore e a flecha ficou presa a uns cinco metros de altura. Não soltava nem a pau. Conclusão: perdi o arpão e não poderia caçar peixes até conseguir outro.

A noite caiu e o vento aumentou. Soprava realmente forte na ilha, que é muito desabrigada tanto do mar quanto do vento. Não conseguíamos dormir. Carol estava preocupada, e eu estava preocupado com a Carol. As meninas também deram um pouco de trabalho para pegar no sono.

À meia-noite, concluí que não dava mais e seguimos para Irvine Bay, uma baía que havia achado nos mapas e que parecia ser abrigada das más condições de mar e vento que estávamos enfrentando. Levantei a âncora (desta vez com a ajuda do meu novo guincho) e fizemos o trajeto de aproximadamente uma hora até o novo destino. O vento tinha diminuído, mas o mar continuava bastante incômodo.

Uma vez mais, acabamos deixando o ancoradouro depois de algumas horas. Eram quatro da manhã quando resolvi seguir para Road Island, um pouco mais ao norte de Grenada. Chegamos ao amanhecer, e o lugar era maravilhoso. Parecia o paraíso! A ilha é desabitada, formada por um morro verde, uma grande costeira de pedras e uma cadeia de recifes que protege a única praia da face oeste. A praia tem uns 50 metros de extensão e uma areia fina e muito branca, com água cristalina e tanta visibilidade que levei um susto com a proximidade do fundo, apesar dos sete metros de profundidade que marcava a ecossonda[17]. Havia um catamarã ancorado ao nosso lado, mas, quando seus tripulantes nos viram chegando com "a farofa e a galinha", resolveram abandonar o local e ficamos vadiando sozinhos naquela praia por uns dois dias.

Dali seguimos para Carriacou, uma ilha meio esquisita. Fomos a um restaurante local e pedimos uma comida que só não era mais suspeita do que um rastafári que usava máscara de mergulho com snorkel; ele entrou, pediu rum, tirou o snorkel, tomou a bebida de um único gole, pagou, colocou o snorkel novamente na boca e saiu andando sem que ninguém dissesse nada!

Dormimos e seguimos viagem para Union Island. Quando estávamos chegando, fisguei um peixão. Mas, quando ia embarcá-lo, ele deu uma sacudida brusca e conseguiu se safar. Resultado: minha incompetência fez com que acabasse pagando quase US$ 50 por um atum.

Union Island tem uma pequena vila com praça central gramada e

---

17 Aparelho que mede a profundidade do oceano. É feita por meio da medição do tempo entre a emissão de um som, que vai até o fundo do mar, e o retorno do eco.

lojinhas que vendem legumes, frutas e outros produtos básicos a preço de ouro para o pessoal dos veleiros que lá ancora. Para quem sai de Grenada, não há nenhum porto decente para abastecimento, e Union Island é uma parada quase que obrigatória. Os "rastas" se aproveitam disso e escalpelam cada EC (East Caribean Dollar) que você tenha no bolso. Confesso que não tive uma impressão muito boa dos rastas. Apesar dos séculos que se passaram desde o fim da escravidão, parece que ainda guardam um ressentimento muito grande do homem branco em geral e do turista em particular.

De lá rumamos para Tobago Cays, um conjunto de recifes com pequenas ilhas onde se formam praias de corais e areia branca. À noite, costuma-se fazer churrasco de lagostas na praia, com tochas e a lua como única iluminação disponível nesse conjunto de ilhas sem energia elétrica.

Mais uns dias em Tobago Cays e regressamos para Union e, de lá, de volta para Grenada, via Petite Martinique, onde acontecia um campeonato de vela de embarcações locais com mastros de caranguejeiras[18]. A chegada à ilha foi muito legal: ventava a uns 20 nós (intensidade média), e eu velejava com a Carol me ajudando nas manobras, enquanto a Sofia dormia e a Marina brincava no convés fantasiada de "sereia Ariel". Depois de quase uma semana a bordo, ninguém mais enjoava. Velejamos em silêncio e sem ondas, acompanhando a regata e curtindo o visual.

No caminho de volta a Grenada fizemos uma escala em Greenville, onde passamos uma noite. O vento agora estava a favor e as duas velejadas de aproximadamente quatro horas foram muito gratificantes, com o veleiro andando rápido apesar das cracas que já começavam a se formar no fundo. No último dia ainda pegamos um belo atum, o maior da viagem, que virou nosso último sashimi em família.

Aquela viria a ser a noite de despedida das meninas no barco. Dali para a frente as distâncias começariam a ficar muito grandes, e a logística para que elas viessem me visitar seria complicada demais. Apenas a Carol voltaria a me encontrar no barco antes do meu retorno ao Brasil. Mas, para isso, precisaria chegar à Polinésia Francesa atravessando grande parte do Oceano Pacífico.

---

18 Tipo de vela em formato de trapézio.

CAPÍTULO 11
A travessia do Mar do Caribe

Para quem não tem intimidade com o mar, a expressão "piratas do Caribe" pode lembrar aquela série de filmes protagonizada por Johnny Depp e um passado de corsários com tapa-olho empunhando adaga numa mão e garrafa de rum na outra. Mas, para quem navega no mar, a pirataria é uma ameaça real.

Durante minha estadia no Caribe, ouvi várias histórias sobre barcos roubados. Casos em que as tripulações eram mortas ou feridas, as embarcações depenadas e logo depois afundadas; outros em que houve troca de tiros entre tripulações e fugas espetaculares, utilizando a escuridão da noite como único refúgio no meio do mar. Muitos navegantes costumam levar armas de fogo a bordo. Para mim, isso não era uma opção. Além de não gostar de armas, elas podem ser um estorvo a mais na já complicada burocracia para entrar em um país a bordo de um veleiro.

Esses relatos mudaram meus planos de viagem. Quando saí de Grenada, na tarde do dia 30 de junho de 2009, rumo ao Canal do Panamá

– por onde teria acesso ao Oceano Pacífico –, minha intenção era passar por Los Roques, na Venezuela. Segundo os depoimentos que tinha lido e ouvido, o arquipélago é um lugar paradisíaco. Uma parada conveniente na travessia do Caribe, que é longa e agitada, devido à força dos ventos que sopram na região.

O problema é que, para aportar em Los Roques, seria necessário fazer imigração em Isla Margarita. A ilha é o lugar mais próximo do continente e representava um risco também maior de ataques piratas. A comunidade de veleiros é muito unida, e a troca de informações entre as tripulações é bastante comum, tanto na base do "boca a boca" como em sites especializados. Os lugares mais perigosos do planeta estão mapeados e só se mete em encrenca quem quer ou está desinformado. Infelizmente, a Venezuela era um desses lugares desaconselháveis para aqueles que, como eu, não têm a menor vontade de trocar tiros com bandidos no meio do mar. Decidi, portanto, tocar diretamente para Bonaire, ilha das Antilhas Holandesas localizada no extremo oeste do Mar do Caribe, muito próximo de Aruba.

Após terminar os trâmites de imigração, parti de Grenada com ventos de popa moderados, de pouco mais de 10 nós. Ao contrário do que se imagina, um vento tão favorável não é bom para quem veleja. O melhor é um vento que vem por trás, mas não exatamente pela popa, e sim de través (meio de lado). Com vento de popa fica difícil armar as velas e é preciso ficar alterando o rumo, fazendo zigue-zague para permitir um ângulo mais favorável em relação ao vento.

A previsão de ventos acima de 20 nós logo se confirmou e, já próximo de meia-noite, as rajadas chegavam a 30 nós. As ondas do mar cresceram, tinham entre três e quatro metros. Assim se mantiveram durante toda a viagem.

Com o vento tão forte, a alternância constante de rumo se tornava muito violenta, e eu temia sofrer alguma avaria no mastro. Acabei optando pelo rumo reto, mantendo o vento de popa e evitando *jibes*[19] ou zigue-zagues. Com essa decisão, tornava a viagem mais curta e forçaria menos as velas. Por outro lado, eu corria o risco de um *jibe* inesperado, que tende a ser muito mais perigoso do que o planejado, pois poderia estourar cabos, ferragens e causar outros tipos de acidente.

---

19 Jibe é a brusca e veloz manobra de reposicionamento da vela, decorrente de uma mudança do vento ou do rumo do barco como vento em popa.

O Bravo estava andando bem, com a vela de proa totalmente aberta do lado esquerdo e a vela de popa aberta do lado contrário, numa armação que chamamos de asa de pombo. O barco estava arisco, e o vento forte, de aproximadamente 20 nós. A condição do vento não permitia que eu levasse o veleiro com o leme de vento mecânico, mas sim com o elétrico, que tem mais curso (isto é, possibilidade de girar o leme). O leme mecânico restringe a capacidade de manobrar o barco, pois tem um curso muito curto. Era como tentar dirigir um carro sem poder girar o volante mais do que alguns poucos graus. Naquelas condições, eu precisava de bastante margem de manobra para evitar um *jibe* inesperado.

O Bravo fazia entre 9 e 10 nós, chegando a 11 na surfada da onda. Quando a rajada entrava um pouco antes da onda, dava para sentir o tranco e o casco desgrudando da água. Chegava a dar medo. Apesar de todo o estardalhaço, a impressão era de que o vento não era tão forte, pois, com o barco andando rápido na mesma direção, a sensação a bordo é de menos vento do que realmente há. Chamamos esse fenômeno de "vento aparente", que, dependendo da direção e do rumo do barco, pode fazer com que a sensação seja de um vento aparente maior ou menor do que o real.

O vento aparente baixo também reduzia o risco de um *jibe* involuntário, o que permitiu que eu dormisse em turnos de até uma hora de duração. O trânsito de embarcações não era um problema. Não vi nenhum barco até chegar a Bonaire. O cata-vento gigante a girar na popa do Bravo abastecia as baterias do barco – o que me permitia deixar o radar ligado, reduzindo ainda mais o risco de colisão com outras embarcações.

Quando se veleja com mais gente, o ideal é sempre ter um membro da tripulação responsável por controlar a vela mestra, encurtando, assim, o movimento da vela num eventual *jibe*. Ao navegar sozinho, fica difícil controlar a manobra, que, com muito vento, representa perigo tanto para o barco quanto para a tripulação.

Tudo ia bem até que uma rondada[20] repentina na direção do vento invalidou o meu plano preventivo. Um *jibe* violento foi inevitável, me pegou de surpresa e entortou o parafuso que prende a retranca ao mastro. Achei que a peça não fosse aguentar até o final da viagem, e tive que ficar seis horas seguidas no leme para evitar um novo *jibe* antes da chegada – o que certamente colocaria a retranca abaixo.

Apesar desses contratempos, a grande velejada solitária foi uma

---

20 Rondada, na linguagem náutica, significa uma mudança de direção do vento.

excelente oportunidade para que eu ganhasse a confiança necessária para as longas travessias que estavam por vir.

A travessia entre Grenada e Bonaire durou seis dias. Como tive pouco tempo para dormir, aproveitei para ler *O Amor nos Tempos do Cólera*, de Gabriel García Márquez. O livro conta uma história de amor platônico vivida em Cartagena do século 19. Essa leitura era sinal do desespero em que eu estava. A que ponto chega uma pessoa que não tem nada para fazer. Um "brucutu" como eu lendo uma história dessas. O pior (ou melhor) é que adorei!

Cheguei a Bonaire no final da tarde de 3 de julho, com uma lista reduzida de avarias no barco e com muita curiosidade. A pequena ilha holandesa foi lar de piratas e contrabandistas no século 17, e minha imaginação entrou no túnel do tempo e me levou a uma antiga vila pirata.

Um Brasil caribenho

Naquela ilha do Caribe havia caminhos que se cruzavam num enredo de guerras e conquistas. Era nessa história que residia meu interesse, ainda mais pelo fato de que a disputa por Bonaire também tinha a ver com o Brasil – um dos pivôs de um cenário geopolítico complexo.

No período em que Portugal e suas colônias estiveram sob o domínio da coroa espanhola (1580-1640), a Espanha proibiu o comércio com a Holanda (que também tentava se emancipar do domínio espanhol). Os holandeses haviam feito grandes investimentos na produção de açúcar no Nordeste do Brasil, e o boicote espanhol afetou seus investimentos, levando os holandeses à exploração comercial de outras regiões no Caribe e no Oceano Índico através da Companhia Holandesa das Índias Orientais. Em seguida, às invasões militares de Pernambuco e à conquista holandesa das Antilhas.

Bonaire havia sido descoberta em 1499 pelo navegador italiano Américo Vespúcio (que estava à frente de uma expedição espanhola), e foi chamada de Isla de Brasil antes de ser tomada pelos holandeses. A primeira ilha da região a passar ao domínio holandês foi Curaçao, em 1634. Em seguida, Aruba e Bonaire, em 1636, foram arrebatadas no contexto de uma guerra entre Espanha e Holanda que durou 80 anos, de 1568 a 1648.

Bonaire é uma ilha quase desértica, com pouca vegetação. O fundo de coral branco confere à água uma transparência incrível, tornando fantástica a experiência de mergulhar. Apenas na Polinésia eu encontraria águas parecidas com aquelas. A ancoragem é profunda, não dá para jogar a âncora, por isso os veleiros que visitam o local são obrigados a utilizar (e pagar pelo uso) as poitas[21].

Como cheguei sem grandes avarias, fiz alguns reparos no Bravo e pude passar horas mergulhando ao redor do barco sem pôr os pés em terra nos primeiros dias. Acordava, preparava o café, consertava algo no veleiro e caía no mar. Voltava na hora do almoço, cozinhava com esmero e comia como um rei. Depois da soneca, mais mergulho, um livro e já estava na hora do chá. Após o pôr do sol começavam os preparativos para o jantar, sempre caprichado, apesar da falta de ingredientes frescos. Poder cozinhar num fogão que não balança é de um valor imenso para quem acaba de voltar de uma travessia.

Conheci um pouco mais da cidade, que em nada se assemelhava a uma vila pirata. Também me familiarizei com o povo, que fala uma língua que não me deixava esquecer tudo aquilo que havia lido durante a travessia do Mar do Caribe. Como em Aruba e Curaçao, em Bonaire se fala o papiamento, língua oficial que mescla português, holandês, inglês, espanhol e línguas africanas.

Depois de alguns dias, segui viagem em direção a Cartagena, na Colômbia – outra cidade histórica, conhecida por ser um dos principais portos para escoar o ouro e a prata extraídos e saqueados da América. Por isso, Cartagena se tornou alvo dos piratas durante séculos e foi toda murada, para se proteger das invasões.

A chegada a Cartagena aconteceu à noite e não foi fácil. Próximo à entrada do porto, me deparei com um muro submerso – está marcado na carta náutica, mas não pode ser visto. Para conseguir entrar no porto é preciso ignorar a primeira entrada, mais óbvia, onde está o muro submerso, e dar uma volta enorme, passando por baixios e um quase labirinto, até chegar à cidade. O percurso marítimo é acompanhado por canhões antigos, estrategicamente posicionados em terra para atacar o invasor.

A parte de dentro do muro parece uma cidade medieval. Ali reencontrei

---

21 Poitas são grandes blocos de concreto que ficam no fundo do mar, aos quais são amarradas boias que ficam na superfície e servem para prender os barcos.

amigos, fiz novas amizades, aprendi a construir relacionamentos mais fortes com o povo local e com a comunidade de viajantes que moram em barcos.

Em Cartagena eu tive a sorte de cruzar com o casal Esteban (argentino com eu) e Maria (colombiana). Os dois se conheceram em Miami, onde moravam, trabalhavam e navegavam. Ficaram amigos, compraram um barco em sociedade para viajar juntos, e aí ocorreu o óbvio: resolveram se casar. Graças à Maria, consegui conhecer o que há por trás das paredes das lindas casas antigas do centro histórico de Cartagena, com suas estreitas ruas de pedra.

Essas casas eram "machucadas" (como dizia minha filha mais velha, Marina, quando via uma casa bonita, porém velha ou precisando de reforma, nos dias que passeávamos por Itaparica, na Bahia). Em geral, tinham o pé-direito muito alto e eram voltadas para dentro. Todos os quartos e janelas davam para um ou mais jardins internos, onde sempre havia um chafariz ou uma fonte de água. Na casa em que entramos havia duas palmeiras imperiais que deviam medir mais de 15 metros de altura, e a decoração era de tão bom gosto que chegava a irritar.

O ponto de encontro da comunidade de navegadores era o Club Náutico, que foi demolido enquanto eu estava lá. Nesse local podíamos acessar a internet, além de tomar duas cervejas pelo preço de uma, entre cinco e seis horas da tarde. Reencontrei o Armin, alemão "pirado" de Frankfurt que estava vivendo havia cinco anos no mar, e que eu havia conhecido em Trinidad.

Cartagena foi um lugar especial, em que tive contato com uma comunidade de incríveis vagabundos velejadores. Skip foi um deles, uma grande figura: americano e ex-piloto da extinta PanAm, com suas histórias fantásticas da época em que as companhias aéreas serviam mais do que uma barrinha de cereais durante o voo. Aliás, naqueles anos dourados da aviação, não havia comissários de voo, apenas aeromoças que eram selecionadas pelas próprias companheiras, seguindo estritos padrões de beleza e desinibição. Segundo Skip, grandes festas rolavam quando o avião tinha que voltar vazio para algum aeroporto, com toda a tripulação a bordo e cheio de comida e bebida. Aparentemente, algumas aeromoças não podiam desembarcar, por estarem muito bêbadas para achar suas peças íntimas.

Outro encontro marcante foi com Tadeo, um chileno sério e boa gente, que estava navegando havia mais de 30 anos. Assim como Armin, ele estava se preparando para defender uma grana levando mochileiros de Cartagena para o Arquipélago de San Blas e, em seguida, para o porto de Colón, ambos no Panamá.

O Caribe panamenho é incrível. É uma região agreste, só acessível por barco. Muitas embarcações fazem essa travessia, cobrando US$ 370 por pessoa. Os catamarãs chegam a embarcar 15 pessoas no passeio, que dura aproximadamente uma semana. Do Panamá, eles voltam para Cartagena com mais passageiros. E repetem a operação diversas vezes. Ao final de um mês, os capitães ganham dinheiro suficiente para não ter de se preocupar mais pelos próximos dez meses ou mais – dependendo da flutuação no preço da cerveja.

Comentei com Tadeo sobre a epopeia que estava sendo a instalação do Max Sea, um programa de navegação que todo mundo usa e que eu vinha tentando instalar em meu computador desde que partira do Brasil, dez meses antes. Tinha todas as cartas náuticas no meu *chart plotter*, software que integra todo o sistema informatizado do barco (GPS, radar, piloto automático, entre outros). Se desse pau nesse sistema, contaria apenas com um GPS manual, que não tem as cartas eletrônicas detalhadas nem opções de navegação avançada. Tadeo, então, me deu o número de um cara que, segundo ele, manjava tudo de computadores. E lá fomos, Armin e eu, conhecer o mais famoso hacker de Cartagena: Felix Malo, cujo bordão era *malo para las gravadoras, pero bueno para su computadora!*

Ao chegar à galeria em que ficava a loja de Felix, nós o encontramos rodeado de computadores e de amigos, todos ouvindo rumba e pedindo para o nosso pirata virtual uma música para ouvir ou para gravar no pen drive, que todos traziam no bolso. Expliquei para ele o meu caso. Eu tinha um Mac, no qual não conseguia fazer rodar o tal programa, pois era feito para PC. Felix pegou meu laptop, ligou num dos tantos drives que tinha à sua volta e começou a trabalhar ao som de uma rumba que se chamava "Gringos! Go home!".

Dez minutos depois, meu computador já estava rodando o programa – com uma vantagem adicional: interface para o GPS manual. Em função desse recurso, eu poderia navegar utilizando meu laptop com todos os mapas do mundo e acessando as mesmas informações que tenho no sistema do barco. Era o backup de que eu precisava. Tudo isso me custou US$ 40 e uma rodada de cerveja para todos os presentes.

As coisas iam bem em Cartagena, mas meu caixa andava meio fraco. Por isso resolvi, seguindo o exemplo de Armin e Tadeo, tentar a sorte e levar alguns mochileiros para San Blas. Afinal, eu já estava indo para lá mesmo. Se o trabalho cobrisse o pagamento de US$ 1 mil, que eu teria que fazer para atravessar o Canal do Panamá, eu já estaria no lucro. Fui para três albergues da cidade, onde ofereci meus serviços por um preço abaixo da concorrência, mesmo pagando uma comissão maior para o pessoal da recepção. Mas não pude esperar a maturação do meu plano para os mochileiros. Precisava sair de Cartagena, pois meus amigos Carla e Thomas estariam me esperando em Colón para fazer a travessia do canal.

Na manhã do dia 17 de julho, saí sozinho de Cartagena com destino a San Blas, onde faria imigração na Ilha de Porvenir. Tinha de chegar antes do dia 19, para ligar para a Carol, que fazia aniversário. Tadeo tinha me alertado que em Porvenir talvez não tivesse internet. Bem, depois de dois dias navegando, descobri que em Porvenir faltava muito mais do que apenas internet: nem o oficial de imigração estava lá; no seu lugar havia um bilhete que previa sua volta dali a dois dias.

Retornei para o barco e subi a âncora. Estava indo para Carti, mais uma das ilhas de San Blas, onde talvez houvesse internet para ligar para a aniversariante. Mas, ao chegar a Carti, não foi difícil descobrir que ali tampouco havia internet. E nem foi por causa da cara de espanto dos quatro jovens que me viram desembarcar do bote e perguntar, em espanhol, pela tal da internet. Obviamente eles não entendiam espanhol – apesar de Carti ser parte do Panamá, aquela tribo fala outra língua, o idioma kuna, da etnia Gunadule.

As casas de Carti são feitas de junco, e foi muito interessante ver esse tipo de construção ao vivo, depois de ler sobre elas em *Na Trilha de Adão*, livro do explorador norueguês Thor Heyerdahl. O livro conta a história das primeiras viagens transoceânicas que aconteceram na Idade da Pedra, em balsas de junco. Foi Heyerdahl quem criou, em 1947, a Expedição Kon-Tiki, que foi do Peru à Polinésia numa jangada pré-histórica para provar que os povos que habitam as ilhas do Pacífico são descendentes dos habitantes da costa oeste sul-americana. Com sua jangada de junco, conseguiu chegar ao Taiti provando sua teoria migratória. Embora eu ainda estivesse do lado do Caribe, essas construções de junco eram muito semelhantes às que existem nas ilhas do Pacífico.

Fiquei maravilhado, besta, passado com o cenário de Carti. Tudo era diferente nas ruas de terra batida. As índias vestidas com as mais variadas cores e com "vinis" (peças que lembram pulseiras de miçangas) coloridos amarrados nas pernas, braços e pescoços, além de *piercings*, que eram joias grossas de ouro que passavam de uma narina à outra – e dariam inveja ao Bob Cuspe, aquele personagem punk criado pelo cartunista Angeli nos anos 1980.

Finalmente, encontrei um telefone público e consegui fazer uma ligação internacional a cobrar, via Embratel, para São Paulo. Confesso que, não fosse pela data, não teria feito um esforço tão grande para achar algo tão fora de contexto como um telefone naquele lugar. Em qualquer outra situação, teria deixado para dar notícias no próximo porto.

Em seguida, aconteceu outro encontro, tão inesperado quanto marcante. Estava passando em frente a uma escola onde as crianças jogavam bola. Meus sentidos estavam todos ligados no máximo. Tentava perceber tudo que estava se passando à minha volta. Meus olhos e meu cérebro não paravam. Tentava guardar as cenas na memória, já que naquela época não fazia questão de levar máquina fotográfica. Aquilo que eu via ali era realmente o que vinha procurando. Em toda a viagem, busquei momentos como aquele. E, sinceramente, acho um desperdício deixar de vivenciar momentos especiais para tirar fotos.

De repente, escutei alguém me chamar: era um índio de meia--idade que, falando em espanhol, perguntou quem eu era e o que estava procurando. Falei que era brasileiro (uma pequena mentirinha que vinha usando para ser bem tratado em lugares desconhecidos) e o índio deu um pulo da rede e me falou em português, com sotaque carioca, que amava o Brasil e, principalmente, o Flamengo e a cerveja Antarctica.

Não é que o índio tinha vivido cinco anos no Rio de Janeiro, onde se formou em Educação Física na UFRJ, e agora dava aula para os meninos da escola local? De repente me dei conta de como os fatos vão se amarrando na vida, formando as histórias. Lembrei que, inicialmente, meu objetivo era levar alguns turistas para San Blas e que, se não fosse pela necessidade de ligar para casa, eu não estaria ali, naquele lugar. Se as coisas tivessem se desenrolado de uma forma diferente, se eu tivesse ficado um dia a mais ou a menos em Cartagena, se não fosse o dia do aniversário da Carol e não precisasse ligar para ela, não teria ido atrás de um telefone ou sinal de internet. E, assim, não teria conhecido Carti e seus índios.

Quando despertei dessa viagem interior, desse devaneio, o índio ainda falava do Flamengo. Convidei-o, a ele e mais dez de seus alunos, para navegar. Ele aceitou na hora e foi chamando os meninos, que se acotovelavam em fila para fazer parte da tripulação. Escolhidos os dez que embarcariam, passamos antes por uma das casas que ficavam no meio da aldeia, com paredes e teto de junco e chão de terra batida. Era a maior de todas na aldeia e, ao entrar, fui apresentado ao chefe (ou cacique), que ficava confortavelmente deitado em sua rede. Seus "assessores", quatro no total, estavam sentados em bancos ao seu redor, todos de camiseta e gravata. O professor fez uma introdução e pediu que eu contasse minha história para o cacique, enquanto um dos seus assessores ia traduzindo para o kuna (ou para o grego, ainda não descobri). Quando terminei, o chefe me olhou do fundo da sua rede e falou que eu deveria ter muito dinheiro para poder viajar tanto e que, normalmente, os visitantes têm de pagar uma taxa para ficar na ilha. Saia justa! Não tinha dinheiro e era improvável que ele aceitasse cartão de crédito.

Explico a ele que, desde que saí do Brasil, consumi apenas dois tanques de combustível, já que navego a vela por 99% do tempo. Foi um jeito de dizer que estava fazendo uma viagem na qual me preocupava em economizar, mas que pretendia retribuir levando os meninos da escola para navegar. Acho que ele ficou satisfeito com a resposta, pois, em seguida, falou que eu era muito bem-vindo na aldeia e poderia ficar ali o tempo que quisesse sem pagar nada.

Chegando ao Bravo, subimos as velas e navegamos contra um vento fraco, de uns 13 nós de intensidade. Os meninos adoraram. Eu distribuía as funções e coordenava as manobras, eles iam se revezando no timão e nas funções no convés. Quando voltamos, estávamos todos cansados e contentes. Eles, por terem navegado num barco a vela, e eu, por ter conseguido fazer meu charter[22] em Carti.

Enquanto eu jogava a âncora, meus tripulantes pularam na água e, sem se despedir, foram embora nadando até a margem. Confesso que estranhei a atitude, como qualquer pessoa criada nas regras de cortesia de uma grande cidade. Esperava pelo menos um agradecimento.

Pernoitei ali mesmo e, no dia seguinte, ao sair da cabine, percebi alguns peixes no convés. Nem um bilhete. O peixe estava fresco e virou almoço.

---

22 Charter, nesse contexto, significa "fretado".

Na manhã seguinte a cena se repetiu, só que dessa vez era uma lagosta e um caranguejo grande. Presentes de algum desconhecido – ao qual, aliás, nunca tive a oportunidade de agradecer. Não tenho uma única foto de Carti nem de seus habitantes, uma pena, mas levei de lá algo muito maior, que carrego até hoje.

Carta na garrafa

Enquanto isso, Carol passava alguns dias do mês de julho em Santa Catarina, de férias com as crianças. Ela sugeriu que eu escrevesse uma carta para a Marina, que, "sem querer", a encontraria dentro de uma garrafa trazida pelo mar. Era a sua forma de romantizar um pouco a história e aproximá-las da "realidade" que eu estava vivendo.

Escrevi a cartinha e enviei por e-mail.

Oi, Marinoca!

Estou te escrevendo de Cartagena, que é uma cidade que fica dentro de um país que se chama Colômbia (pede para a mamãe te mostrar num mapa para você ver onde fica). Hoje resolvi te escrever uma carta. Quando terminar de escrever, vou colocar esta carta numa garrafa e jogar no mar, aqui do lado do Bravo. Não posso me esquecer de tampar bem a garrafa porque se eu não fizer isso ela vai encher de água e afundar, e se isso acontecer você não vai poder receber esta cartinha.

Para que esta garrafa chegue até você, a primeira coisa que precisamos fazer é achar uma boa garrafa! Pode ser uma garrafa de vidro, daquelas que a gente compra cheias de vinho e depois que a festa acaba ela fica vazia. Outra coisa importante que precisamos fazer é achar uma boa rolha, que é aquela tampa que vai na garrafa de vinho para que quando ela está cheia não fique derramando por aí. A tampa tem que ser bem redondinha e não pode estar rachada, dessa forma podemos ter certeza de que a água do mar não vai entrar pela tampa molhando toda a cartinha. Por último, precisamos achar uma garrafa bem resistente, pois, como você já sabe, o mar às vezes fica bem bravo e as ondas crescem e o vento aumenta, soprando bem forte. Nossa garrafa tem que aguentar tudo isso sem quebrar, navegando pelo mar, bem longe da praia e das pedras até chegar a alguma praia do Brasil, onde alguém pode achar esta carta e mandar para o endereço lá de casa.

Você sabe o que quer dizer "uma chance"? Uma chance pode ser grande ou pequena. Quando dizemos que a chance de você crescer, ficar forte e muito bonita é grande, queremos dizer que essas coisas provavelmente vão acontecer ou que é fácil que isso aconteça. Mas, por outro lado, quando dizemos que uma chance é pequena, queremos dizer que vai ser muito difícil que certa coisa aconteça, ou então dizemos que certa coisa é improvável. Por exemplo, se eu depois de escrever esta carta pra você achar uma bela garrafa com uma rolha bem redondinha e jogar no mar aqui de Cartagena, que fica bem longe do Brasil, a chance de você conseguir receber esta carta vai ser muito, mas muito pequena.

Minha querida Marina, o que estou tentando te dizer é que provavelmente você não vai receber esta carta, eu estou muito longe do Brasil, onde nós moramos: você, a mamãe, a Sofi e eu (quando não estou no barco).

Vai ser realmente difícil que esta carta chegue até você. Para você ter uma ideia, para que isso aconteça a nossa garrafinha vai ter que navegar por muitos dias e muitas noites. Vai ter que escapar das ondas grandes sem quebrar e vai ter que fugir dos peixes grandes, como tubarão, que podem pensar que nossa garrafinha é um peixe pequenininho e avançar sobre nossa pobre garrafinha, tentando comê-la (Ai! Ai! Ai! Esses tubarões estão sempre com fome, não é mesmo?). Tudo isso sem falar que o mar é muito grande. Você sabia que tem muito mais mar do que terra no nosso planeta? É verdade! Quase três vezes mais água do que terra! Isso quer dizer que nossa valente garrafinha pode se perder, indo parar num outro lugar que também pode ser muito longe do Brasil.

Apesar de termos uma chance muito pequena de a garrafa chegar até você, eu vou jogar a garrafa na água! Já que se eu não jogar você não vai receber a carta de jeito nenhum, nem com chance grande, nem com chance pequena. Se eu não jogar a garrafa, podemos ter certeza de que você não vai receber a carta.

Eu quero muito que você receba esta carta, mas, se alguma coisa acontecer e você não conseguir receber esta garrafa, não fique triste, pois eu vou estar com você, independentemente de estarmos juntos no barco ou juntos em casa, ou eu no barco e você em casa.
Porque eu te amo!

Um beijo

Papai

As meninas não viram o momento em que a Carol jogou a garrafa com a carta na água, próximo de onde estavam. Por isso foi muito legal quando a encontraram, pois tiveram uma alegre surpresa.

No Bravo, a saudade das minhas três mulheres apertava.

CAPÍTULO 12
Canal do Panamá, Galápagos e Marquesas

"Uma mistura de grandiosidade épica com simplicidade mecânica faz com que essa construção de engenharia básica, mas brilhante, opere uma travessia quase mágica, uma passagem secreta entre dois oceanos, um 'Abre-te, Sésamo' permeado por uma máfia de atravessadores e coiotes." Assim Carla Zaccagnini definiu, numa carta para Cíntia (nossa amiga em comum), a experiência de atravessar do Oceano Atlântico para o Pacífico pelas eclusas do Canal do Panamá.

Carla é artista plástica e amiga de longa data. Eu deveria me encontrar com ela e com Thomas Faria – amigo do meu irmão, Ramiro – em Colón, para onde rumei a partir de Carti. Os dois não se conheciam até então. Depois de grandes velejadas em que atravessei o Caribe de leste a oeste, com ventos e correntes a favor, essa última perna no Atlântico foi "casca de ferida". Acabei demorando o dobro do tempo que imaginava até Colón, a porta de entrada do Canal do Panamá.

Na chegada, encontrei uma cidade tão perigosa que não era possível sair da marina e andar livremente pelas ruas. Os assaltos acontecem em plena luz do dia e fazem São Paulo parecer tão pacífica quanto Genebra. Como não poderia deixar de ser, o submundo de Colón é facilmente reconhecível também pela burocracia, pelos trâmites necessários para cruzar de um oceano ao outro. Mas, finalmente, no dia 27 de julho, partimos de Shelter Bay, em Colón, e nos dirigimos à primeira eclusa do canal. Depois de ter atravessado o Caribe sozinho, dessa vez estava na companhia dos meus amigos e de dois marinheiros profissionais, os irmãos Carlos e Leroy – já que, para atravessar o canal, são necessárias quatro pessoas além do capitão e um prático indicado pela autoridade portuária.

Para alcançar o Pacífico, é preciso subir 30 metros acima do nível do mar até chegar a Gatún, um lago artificial. Depois de subir três eclusas, chegamos ao lago e pernoitamos amarrados a uma boia. No dia seguinte, descemos os mesmos 30 metros, passando por mais duas eclusas antes de adentrar o Pacífico. O processo é simples, mas precisa ser bem coordenado. Utilizam-se quatro cabos, dois na proa e dois na popa. Amarrados nas laterais das eclusas, esses cabos precisam se manter tensionados o tempo todo, deixando o barco sempre no meio da eclusa. Quando o nível da água sobe ou desce, uma grande turbulência é criada e, se o veleiro não estiver bem posicionado e amarrado, pode se chocar contra as paredes ou contra outros barcos dentro da eclusa.

Durante a travessia, pudemos ter uma ideia do que deve ter sido a construção do Canal do Panamá, no início do século passado – uma coisa de louco! Mais louca ainda foi a ideia de Carla: fixar uma filmadora no topo do mastro, focando o barco e a água ao redor. A gravação tem mais de dez horas (tempo que durou a travessia do canal) e Carla ainda não sabia o que faria com o material – dois anos mais tarde teria uma de suas duas únicas cópias vendidas à Tate Gallery, de Londres (faz parte de seu acervo até hoje).

Chegamos à Cidade do Panamá, na costa do Pacífico, na tarde do dia 28. Após desembarcarmos Leroy e Carlos, seguimos Carla, Thomas e eu para o Arquipélago de Islas Perlas, onde ancoramos 30 horas mais tarde ao largo de uma ilha deserta, de mata fechada e areia clara. No caminho, pescamos dois atuns e almoçamos um delicioso sashimi acompanhado de um ótimo champanhe que Carla trouxe para festejar a travessia. Estávamos todos tão cansados pelo percurso e pela viagem noturna que nem descemos do barco. Dormimos bastante e aproveitamos para fazer alguns trabalhos a bordo.

Uma tempestade elétrica, porém, acabou danificando o medidor de vento e tivemos que antecipar nosso retorno para a costa. Durante uma tempestade elétrica, as nuvens ficam carregadas como capacitores gigantes: a parte superior da nuvem é positiva e a inferior, negativa. Por causa dessa diferença, elas descarregam energia gerando uma grande quantidade de raios e relâmpagos.

De volta à Cidade do Panamá, fizemos a manutenção do barco e a preparação para a grande travessia que viria a seguir. Fizemos uma compra gigante, pois as provisões nas ilhas do Pacífico são limitadas e caras. Para dar uma ideia, estocamos 60 pacotes de macarrão. O mais difícil foi achar lugar para acomodar tudo dentro do barco sem ficar tropeçando em latas de atum, pacotes de arroz, leite, água e (é claro!) cerveja – enfim, um monte de pacotes que desapareceriam quando eu chegasse a Fiji, no fim de 2009. Mas eu ainda não sabia disso.

Conhecemos tripulações de veleiros que também iam para Galápagos, meu próximo destino, sendo que quatro deles também seguiam para a Polinésia – dois com bandeira da Nova Zelândia, um do Canadá e outro da França.

Carla desembarcou no dia 2 de agosto, Thomas e eu zarparíamos no dia seguinte, depois de abastecer os tanques com água e diesel. Mas, apesar de ter participado de um trajeto relativamente curto, Carla deixou um registro dessa experiência de atravessar o Canal do Panamá e de navegar pelas águas do Pacífico, que traduz as sensações de alguém que nunca subiu num barco a vela antes:

> *É difícil contar como foi. Tem centenas de detalhes que, mesmo somados num relato prolixo, não iriam dar conta. Acho que o mais importante é um sentimento que as anedotas não ilustram. Posso contar do canal, por exemplo. Tem uma mistura de grandiosidade épica com uma simplicidade mecânica que faz com que essa construção de engenharia básica, mas brilhante, opere uma travessia quase mágica, uma passagem secreta entre dois oceanos, um abre-te, Sésamo permeado por uma máfia de atravessadores e coiotes.*
>
> *Ou posso contar do primeiro amanhecer no Pacífico, navegando só com a força do vento, o barulho do casco batendo na água e da*

água no casco, nada de terra em lugar nenhum, o sol nascendo rosa e redondo e um golfinho nadando do lado do Bravo (eu até chorei – bem pouco – mas não conta para o Matias, que ele não viu...). Ou da tempestade elétrica na noite desse mesmo dia, mais bonita do que se fosse uma noite estrelada, eu acho. Ou dos peixes pescados, preparados e comidos com o maior gosto. Ou da última compra de supermercado: você já comprou 60 pacotes de macarrão? 30 latas de molho? 48 latas de Coca-Cola? E carregar a tralha toda num bote salva-vidas... Posso contar de todas as palavras novas que aprendi e mal posso esperar para usar de novo: adriça, mastro, genoa, bombordo...

Mas o que aprendi mesmo é a diferença entre os voos transatlânticos e o canal interoceânico. Voando a gente atravessa o mar e a terra sem nem ver, sem nenhuma referência de escala ou de tempo, se possível ainda toma um uísque duplo ou meio Lexotan para anestesiar a sensação de passagem do tempo que já é abreviado pela velocidade do voo. No avião a comida é ruim, os filmes são ruins, a seleção de música latina é ruim, a poltrona é péssima e tudo que a gente quer é que acabe logo. No veleiro o banho é ruim, mas o tempo do trânsito é real. Tempo de vida. E é impressionante como tudo é lento. É tão lento que é difícil entender como desviar de alguma coisa, como fazer uma curva, quanto tempo falta para estar alinhado com a ponta de uma ilha. É uma outra relação entre tempo e espaço que confunde a percepção de profundidade do campo. É difícil explicar, mas se perdem as referências e é preciso criar outras que depois colocam em xeque as que já conhecíamos. E isso não só com relação ao espaço, claro, mas também com relação ao tempo, ao que fazemos com o tempo, ao que produzimos com as nossas ações, à nossa dependência de coisas que não são essenciais.

E o mais bonito é uma certa sensação de continuidade, a percepção de que as partes todas do mundo estão conectadas por um campo transitável, líquido, instável, denso e contínuo. Foi como se o mundo se duplicasse, se espalhasse. Como se começasse a existir como realidade habitável, um pedaço enorme do mundo que até então era só um espaço negro, uma lacuna, algo que precisava ser saltado entre dois lugares. Como se depois disso a água e a terra tivessem se aproximado, se transformado em coisas mais parecidas, onde se pode estar.

Meu mundo ficou bem maior. Acho que esse é o presente mais importante que já recebi. E não só o mundo se expandiu (ou se completou), mas também, ao mesmo tempo em que cresceu, ficou menor. Ganhou uma escala humana. Porque o veleiro tem uma escala de gente, onde tudo está ao alcance da mão (mesmo que seja preciso subir no mastro uma vez ou outra) e ele vai ganhando o mar aos poucos, quase sem atrito, deslizando, sem pular nenhum pedaço em nenhum instante. E a água é a mesma e junta tudo. Junto com isso, claro, tem uma sensação concreta de liberdade e autonomia que é sensacional. É como andar de bicicleta sem caminho. E a certeza de que se precisa de bem pouco, de que bem poucas coisas são essenciais.

Carla Zaccagnini

Esse relato de Carla Zaccagnini resume também a forma como uma viagem de veleiro ensina a lidar com a ansiedade e com o tempo de outra maneira. O problema da ansiedade é que a gente quer tudo agora, inclusive as respostas que não temos. Porque a vida é isso: um monte de perguntas sem respostas. Então, diferente de um avião, que dá uma resposta imediata, no barco se estabelece um inevitável diálogo com o tempo. Ficamos imersos numa situação em que ninguém abre a boca – o que no começo pode ser agoniante acaba por ensinar a viver o momento, e não a expectativa do que está por vir.

Não seria exagero dizer que a travessia do Canal do Panamá foi e é (tanto para uma "novata" como Carla quanto para velejadores experientes) um divisor de águas – literal e filosoficamente. A isso se soma o fato de que os veleiros que atravessam o canal dificilmente voltam ao Atlântico sem antes atravessar o Pacífico e o Índico, ou seja, são em sua maioria barcos que vão dar uma volta ao mundo. Isso cria um clima de cooperação entre as tripulações, que acaba gerando cumplicidade nessa percepção de uma nova dimensão do tempo, do espaço, da vida.

Rumo ao pôr do sol

No começo, a viagem para Galápagos foi tranquila, com vento a favor e um rumo sul-sudeste que nos levava em linha reta sobre a rota que havíamos traçado. Mas, na madrugada do dia seguinte, o vento foi minguando até acabar por completo. O jeito foi seguir de motor.

Eu deveria ter desconfiado daquela parada repentina do vento. Não demorou muito e ele começou a soprar novamente, só que dessa vez na direção contrária. O mar cresceu e a frequência entre uma onda e outra foi ficando cada vez mais curta, deixando o mar muito picado. Na noite do segundo dia havia apenas quatro segundos entre a crista de uma onda e a da onda seguinte, cada uma delas com cerca de dois metros de altura. Continuar navegando nessas condições é praticamente impossível. O barco não avança, o desconforto é enorme e a probabilidade de avarias aumenta consideravelmente. Coloquei em prática uma manobra que até então só conhecia da literatura náutica: optei por deixar o barco *em capa* durante três horas.

Capa é o posicionamento do barco e das velas, para o caso de tempestades, em que a embarcação fica numa deriva controlada. O posicionamento do barco em relação às ondas cria uma turbulência no mar que, por sua vez, faz com que diminuam o tamanho e a intensidade das ondas, diminuindo o impacto e o desgaste sobre o material e sobre a tripulação. O barco fica mais estável e a tripulação pode descansar. Não era necessário ficar no timão; Thomas e eu podíamos dormir em turnos, para a eventualidade da passagem de um navio enquanto o pau comia do lado de fora do veleiro.

Depois dessa "surra", retomamos nosso rumo, só que dessa vez tínhamos que ir em zigue-zague contra o vento. Por sorte, o Bravo navega muito bem contra o vento e conseguimos avançar razoavelmente bem.

Era o terceiro dia e a rotina começava a tomar forma. Não havia mais navios, estávamos muito longe da costa – e também muito longe de Galápagos. E ali, no meio do nada, avistamos o Aqua Marine, veleiro francês que havia partido do Panamá apenas duas horas depois de nós. Eles estavam um pouco à frente, e isso mexeu com os brios da tripulação e com o incontrolável instinto competitivo do capitão do Bravo. Os quatro dias restantes de viagem foram uma regata cheia de estratégias, mudanças nas velas e nos rumos, com o único objetivo de chegar primeiro a Galápagos. Foi divertidíssimo!

Chegamos primeiro à ilha de San Cristobal (a principal no Arquipélago de Galápagos), mas o Aqua Marine chegou antes no ancoradouro por culpa de um vacilo do capitão. Faltou o Pedrão, nosso tático nas regatas no Brasil. Apesar de tudo, fomos muito bem, já que o Aqua Marine é 5 pés maior que o Bravo, um belíssimo Benetau 50' que navega maravilhosamente bem. Ao encontrar os franceses em Galápagos, chegamos à conclusão de que deveríamos considerar que a regata terminou empatada, e cada um acabou pagando suas próprias cervejas. Pedimos duas no bar, e, para nossa surpresa, a moça nos entregou as garrafas de 750 ml com um "guardanapinho" no colarinho como se fosse uma *long neck*. Foi um porre homérico! Cinco garrafas cada um e eu já não sabia como havia chegado até ali.

Galápagos pode ser resumido da seguinte maneira: uma paisagem desértica com tartarugas gigantes e animais esquisitos (leões-marinhos, pinguim de Galápagos, tesourão, atobá de pata azul e de pata vermelha, tubarão-martelo e iguana-marinha), além de focas dormindo no cais, na praia, nas pedras, nos barcos (que bicho preguiçoso!). Visitamos filhotes de tartarugas e cágados que tinham mais de 100 anos de idade, em um viveiro, dentro de uma reserva. Na época das grandes navegações, os cágados – tartarugas gigantes – eram raptados pelas naus e transformados em estoque de carne fresca para enfrentar a longa travessia rumo ao pôr do sol.

Em Galápagos, os franceses eram os únicos que voltariam para a América, mais exatamente para Lima, no Peru. Todos os outros barcos seguiriam para as Ilhas Marquesas. Uma das tripulações organizou, através de uma operadora local, um mergulho com garrafa (cilindros de ar comprimido) a cerca de 30 minutos do ancoradouro. A água era fria e transparente. Descemos aproximadamente 15 metros e nos agarramos às pedras para não sermos arrastados pela forte corrente. Abaixo de nós havia um cardume com uma centena de tubarões-martelo, alguns que chegavam a medir mais de três metros de comprimento. Na superfície estavam as focas, que brincavam com os mergulhadores de snorkel e máscara.

Depois de navegar com Thomas do Panamá até Galápagos, eu voltaria a velejar sozinho. Despedi-me de Thomas e me preparei para a longa perna até as Ilhas Marquesas, que marcam a entrada na Polinésia e é o primeiro arquipélago para quem ruma para oeste saindo de Galápagos. Mais de 3 mil milhas, uma travessia que, pelas minhas estimativas, duraria entre 20 e 25 dias. Em resumo, o maior desafio da minha vida náutica até então.

Saí de Galápagos no dia 15 de setembro de 2009, às 15 horas, depois de me despedir dos novos amigos. Entre eles, os canadenses que chegaram quase uma semana depois de nós, após terem navegado por 14 dias para fazer a travessia Panamá-Galápagos que fizemos em oito! O barco deles navegava mal contra o vento, pois tinha uma quilha muito curta. Além disso, eles não tinham piloto automático nem leme de vento, e precisavam se revezar no timão o tempo todo – uma situação que gera cansaço e, por consequência, erros muito frequentes. Até numa baleia eles chegaram a bater, e o pior é que ela ficou brava e deu uma rabada no barco. Posso imaginar o susto!

Preparei cuidadosamente a navegação até as Marquesas e parti rumo a oeste por aproximadamente 2.000 milhas náuticas. Comecei a descer até o paralelo oito, onde se encontram as Marquesas (mais umas 1.700 MN), totalizando as 3.700 MN ou 6.800 km de viagem. Dessa forma, evitei uma área de instabilidade que se forma entre Galápagos e as Marquesas, motivo pelo qual permanecera mais ao norte no começo da viagem. No mar, a "estrada" não é tão previsível quanto em terra e nem sempre a distância mais curta entre dois pontos é o caminho mais rápido.

Como não tinha vento, tive que andar bastante a motor nos primeiros dias. Fiquei preocupado com a situação, pois tinha combustível para apenas cinco dias. É preciso lembrar que o motor, assim como o gerador eólico e a placa solar, também operava como gerador para carregar as baterias que utilizava para dar partida no motor, acender as luzes de navegação à noite, manter os instrumentos de navegação, as luzes de bordo e a geladeira funcionando 24 horas por dia. Ou seja, precisava velejar ou ficaria sem combustível, sem luzes e sem instrumentos.

Alterei o rumo um pouco mais para o sul, à procura de ventos mais fortes que sopram à medida que aumentamos de latitude. O Equador fica na latitude 0; São Paulo, na 22; o Cabo Horn (no extremo sul do continente americano), na 55; e as Marquesas ficam na latitude 8 – altura igual à de Maceió. Passei raspando nos limites imaginários da tal área de instabilidade, desci uns três graus e já comecei a sentir a diferença na brisa que soprava, muito mais forte.

O vento estabilizou em 15 nós, inicialmente de sudoeste, e depois virou para oeste, com intensidades que variavam entre 10 e 20 nós. Eram ventos moderados, com uma ondulação que não atrapalhava, mas jogava o barco para o norte. Por mais complicado que tudo isso possa parecer, no fundo era extremamente fácil. Basta navegar sempre o mais próximo possível de onde o sol se põe.

Quando o vento finalmente virou de leste, meu rumo ficou muito alinhado com a direção do vento – e isso não é bom. Nessa situação, chamada de "popa rasa" (similar às condições que havia enfrentado na travessia do Caribe), as velas perdem potência e é preciso alterar o rumo do barco para manter um desempenho aceitável. Meu objetivo era fazer a travessia em menos de 20 dias, mas sabia que poderia durar até 25, dependia das condições e dos imprevistos que sempre acontecem. A ondulação estava ajudando, pois jogava o barco para norte, e eu podia alterar o rumo para sudoeste. Isso era extremamente benéfico para as velas e, consequentemente, para o desempenho do barco, fazendo a alegria do capitão, marinheiro, cozinheiro, timoneiro, proeiro e exterminador de baratas – os "cargos" que eu acumulava.

Regras e rotinas

Navegar sozinho era como levar a vida de caracol que eu tanto queria na infância e adolescência, carregando a própria casa. Quem navega sozinho passa por tempestades, momentos de tensão, medo e desamparo, mas também por calmarias, em que a fronteira entre trabalho e ócio se confundem. Você pesca, cozinha, toma decisões cruciais para a navegação e faz pequenos reparos; ao mesmo tempo, contempla o infinito e cria uma rotina de lazer que necessita regrar, pois o barco funciona 24 horas por dia.

Eu tinha uma rotina muito bem definida. Na maior parte do tempo, estava preocupado em navegar: acompanhava o rumo ou traçava um novo rumo, ajustava o que precisasse para manter uma navegação segura. Aumentar as velas se o vento diminui, ou diminuir as velas quando o vento aumenta, por exemplo, exige uma tomada de decisão constante, porque não adianta deixar para abaixar as velas depois que a tempestade já chegou. É necessário se antecipar, ler os elementos do cenário.

Há ainda a parte da manutenção. É difícil trabalhar quando o barco se mexe muito e, dependendo da situação do mar, pode ser impossível fazer consertos. Eu não tinha algumas peças de reposição e não levava, por exemplo, dois pilotos automáticos. Se o único que eu tinha quebrasse, seria preciso acionar o leme de vento, que tem uma função parecida, mas opera de maneira diferente pois depende do vento. Ou seja, você sabe que em algum momento chegará ao seu destino, mas não pode ter pressa. Nesse contexto, confesso que acabava ficando um pouco preguiçoso, por isso fiz algumas gambiarras. Fazia o necessário para chegar com segurança ao destino – quando, aí sim, vinha a manutenção pesada. Graças às inúmeras subidas no mastro para trocar a bateria da câmera da Carla durante a travessia do canal, aprendi a subir e descer do mastro feito um macaco, sem ajuda externa. Confesso que era um pouco perigoso, pois lá em cima o balanço do barco é bem maior do que no convés, mas não tinha alternativa. O trabalho tinha que ser feito e, às vezes, era preciso subir.

Também pescava muito. Depois que fisgava algum peixe, parava. Mas, como os peixes eram muito grandes e eu estava sozinho, o produto da pescaria durava quatro, cinco dias. Eu preparava a iguaria de todos os jeitos possíveis – crua, cozida, frita, marinada – e comia até no café da manhã.

Um dos "rituais" a bordo era o chá da tarde, que acontecia sempre no pôr do sol. Mais do que uma sequela da escola inglesa em que estudei em Buenos Aires, essa rotina servia para marcar o fim do dia e ajustar o meu relógio biológico. Ao longo da travessia, de leste para oeste, passaria por 50 graus de longitude, totalizando quatro fusos horários diferentes. Depois do chá, já era hora de fazer o jantar. Após a refeição, assistia a uma série em DVD no computador (um capítulo por dia de *Lost*, por exemplo), escutava música e lia. Tinha levado livros sobre navegação e narrativas de viagens, desde Marco Polo até Amyr Klink, além de muitos livros de história e o romance *A Insustentável Leveza do Ser*, de Milan Kundera. Aliás, quando se chega num porto, há sempre um mercado negro de livros entre os tripulantes, um intercâmbio frenético de exemplares em diferentes línguas.

Em seguida começava o meu turno da noite, que também impõe uma rotina. Quando eu dormia, o barco ia no piloto automático ou no leme de vento, mas tinha de acordar em intervalos regulares para checar se tudo corria bem, utilizando um relógio que podia ser programado para me despertar em *looping* infinito. No Mar do Caribe, por exemplo, que é muito movimentado, eu dormia 15 minutos e acordava, mais 15 minutos e acordava. Em lugares em que o trânsito de embarcações era menor, conseguia dormir até uma hora e meia seguida.

Uma navegação longa e solitária altera radicalmente os hábitos cotidianos e pode transformar um simples banho em uma epopeia. Eu levava 450 litros de água e um dessalinizador para transformar água do mar em água doce e potável. Na hora do banho, num chuveiro que fica do lado de fora da cabine, jogava no corpo um pouco de água doce, só para me ensaboar. Depois fazia algo assustador, mas muito estimulante: jogava um cabo bem comprido na água e mergulhava para tirar o sabão enquanto o barco seguia seu curso. O problema é que, estando sozinho, se perdesse o cabo, já era. Ficaria ali, literalmente, a ver navios. Nesse mergulho, tirava todo o sabão, sempre segurando o cabo, e voltava a subir no barco para terminar o banho com água doce. Graças a essa rotina, o consumo de água doce era extremamente baixo, tanto que nunca precisei acionar o dessalinizador.

Esses banhos em mar aberto aceleram o coração. Após diminuir a velocidade do barco, eu caminho pelo convés até a proa do veleiro e, com o barco em movimento, salto para a frente. O impulso associado à velocidade do próprio barco faz com que eu sinta o impacto com a água e, no momento do mergulho, entre num outro mundo. A cor da água fora dos limites da plataforma continental, onde a profundidade passa dos 2 mil metros e o pedaço de terra mais próximo está a semanas de distância, é linda e assustadora ao mesmo tempo. O barco passa por mim e o único barulho que se ouve é o do casco deslizando sobre a água, pois o motor está desligado. Deixo o barco passar e, com ele, passa a minha única ligação com o mundo, com as pessoas que conheço, com minha casa no Brasil. Minha própria vida passa a ser um cabo que se arrasta na água. Nesse momento, a única coisa que importa é agarrá-lo, o que não é uma tarefa difícil, mas a responsabilidade em não falhar é enorme. Eu seguro no cabo, e um tranco se segue. Estou sendo rebocado feito uma isca de pesca. Flutuando naquela água cor "azul infinito", sou acometido novamente pelo medo. Não tenho medo de nadar no mar, mas um frio no estômago e um instinto de autopreservação falam mais alto. O pavor toma conta de mim. Alguma coisa me diz que aquele não é o meu lugar. A sensação é de que preciso sair dali imediatamente. Às braçadas, me aproximo do barco e rapidamente subo pela escada que se arrasta na popa. Por mais linda e refrescante que seja a água, nunca consigo ficar mais do que um minuto a reboque.

Visitantes do céu

No quarto ou quinto dia do trajeto para as Ilhas Marquesas, estava na proa e me preparava para subir o balão[23]. Durante a manobra, comecei a ouvir um barulho distante que me chamou a atenção. Afinal, ali não se escuta nada a não ser o vento nas velas, o mar e o rangido do barco. Comecei a procurar por um navio ou coisa parecida, mas o barulho aumentava de intensidade rápido demais para ser uma embarcação.

Foi então que percebi um helicóptero que se aproximava cada vez mais, até ficar a uns 10 metros do barco e a não mais de dois metros de altura da água. Não podia acreditar no que estava vendo. No meio daquele vazio, a possibilidade de um encontro desses é praticamente impossível. Fiz sinal de que estava tudo "ok", e eles não responderam. Fiz um sinal para saber se podíamos falar pelo rádio, mas a resposta foi negativa. Fiquei atento aos rostos dos tripulantes para ver se conseguia captar algum mínimo sinal ou mímica que pudesse me ajudar a entender o que estava acontecendo, e nada. Nem um movimento.

---

23 Balão é uma vela de nylon muito fino e de grandes dimensões içada à frente do mastro quando se navega na direção do vento, inflando mesmo com ventos fracos.

Já estava ficando preocupado, pois eles flutuavam no ar, a 10 metros do barco, fazia um bom tempo. Para mim pareciam horas, mas provavelmente não passaram de minutos. Foi aí que me lembrei de que estava "peladão", algo que havia se tornado rotineiro em meu cotidiano de navegante solitário.

Desci correndo à cabine, vesti uma bermuda e voltei ao convés – e o helicóptero continuava ali. O piloto olhou para mim, fez um sinal de "ok" e foi embora, deixando-me com um monte de perguntas. Passei o resto da viagem tentando achar uma explicação para o acontecido, mas precisei chegar às Ilhas Fiji para entender o sentido daquele encontro improvável. Como aquele pequeno helicóptero chegou até ali se não há terra por perto? Para onde ele foi? Onde vai aterrissar? Quem eram aqueles dois tarados e por que não respondiam aos meus sinais?

Passado esse evento enigmático, retomei o trabalho de içar o balão. A vela subiu e desceu inúmeras vezes e foi para a água outras tantas. Até que finalmente consegui acertar a manobra, o que já seria complicado com oito pessoas a bordo. Para dar certo com apenas um tripulante, exigia muita sorte e gambiarras criativas. O fato é que, graças ao Spi (uma abreviação de Spinnaker, outro nome para a vela balão), consegui acelerar um bocado, além de ocupar a cabeça com o trabalho pesado e deixar de ficar encafifado com a misteriosa visita do helicóptero.

Nas noites escuras de Lua Nova e céu estrelado desse trajeto, os golfinhos eram presença constante. Ficavam malucos brincando com a fluorescência das águas causada pelos plânctons. Gostavam de ficar próximo da proa, onde o casco corta a água e onde se forma um bigode verde luminoso. Aceleravam ao se aproximar do casco, e a esteira que deixavam na água parecia a de um torpedo pronto para afundar a minha casa flutuante.

Além dos golfinhos e do helicóptero, outra visita frequente eram os peixes voadores de vários tamanhos, desde os mais diminutos até alguns que mal cabiam na frigideira. Todas as manhãs, ao acordar, eu fazia uma pequena expedição arqueológica com o objetivo de descobrir as múmias ressecadas de peixes voadores que tiveram o azar de voar alto demais e cair no lugar errado.

Houve ainda a temporada das lulas, que, assim como os peixes, vinham em diversos tamanhos e quantidades, permitindo que eu variasse o cardápio e preparasse molho de macarrão e arroz com lula. Já a pesca foi fraca, perdi a isca algumas vezes e peixes que já estavam na mão; em compensação, peguei o maior dourado da minha vida – e não é história de pescador! O bicho era tão grande que durou uma semana na geladeira, sem que conseguisse comer tudo.

À parte os pequenos imprevistos e quebras que puderam ser consertadas, ou solucionadas parcialmente, foi uma travessia espetacular: o tempo ajudou e consegui completar a jornada em apenas 17 dias, menos tempo do que os 20 ou 25 previstos.

Eu estava barbudo e cabeludo, e um dia antes de chegar resolvi que não poderia me apresentar naquelas condições. Decidi "passar na barbearia". Peguei a minha máquina nova de barbear comprada no Panamá para aparar os cabelos e a barba. Só que a máquina era uma porcaria; em vez de cortar, ela enroscava e puxava os meus pelos. Apesar da dor, insistia em terminar, mas foi impossível e desisti antes de completar o serviço.

Nuku Hiva, a maior das Ilhas Marquesas, é linda e exala o odor de flores, mas minha estadia foi curta, apenas quatro dias – o suficiente para causar espanto ao pessoal da imigração que ficou admirado com meu corte de cabelo, e me aprontar para a próxima viagem, que deveria durar em torno de cinco dias.

Assim que cheguei a Nuku Hiva, tive uma surpresa um tanto desagradável: não havia caixas automáticos na ilha, e para sacar dinheiro em moedas locais precisaria enfrentar uma fila de pelo menos uma hora e meia no banco. Aguardei pacientemente a minha vez e saquei uma quantia que julguei ser razoável. Eu sabia que a Polinésia era cara, mas não imaginava quanto seria. O dinheiro que saquei não dava nem para começar as compras. Ainda precisava de algumas peças para fazer a manutenção do barco, assim como frutas e legumes que teriam de durar até minha chegada a Papeete, capital da Polinésia Francesa.

Como eu não estava nem um pouco a fim de enfrentar novamente a fila do banco, tive de escolher entre mais uns dez dias à base de macarrão e enlatados e a manutenção do barco. Obviamente, fiquei com a segunda opção e saí disposto a torrar tudo o que tinha em peças de reposição.

Comecei a andar pelas ruas da pequena vila à procura da loja de ferragens. O caminho ia me levando cada vez mais para o interior da ilha, perto do pé da montanha. As ruas foram ficando mais estreitas, e a vegetação mais fechada. Foi quando reparei que, bem na minha frente, havia um limoeiro – e eu bem que precisava de limão para temperar os peixes que pescasse na etapa seguinte da viagem, especialmente para preparar ceviches. Peguei alguns limões e coloquei no bolso. Segui andando e vi uma mangueira carregada. Em seguida, grapefruit, abacate, banana, mamão, goiaba, tangerina, tudo no meio da rua e, melhor, de graça! Voltei para o Bravo pela mesma rua e fiz minhas parcas provisões – mas, pelo menos, fruta não ia faltar.

CAPÍTULO 13

Lua de mel

Saí de Nuku Hiva com destino a Rangiroa, que fica a uma distância de 570 milhas náuticas (ou 1.055 km) – entre as Marquesas e o Taiti. O vento de leste ajudou, mas, na última noite, peguei uma tempestade brava. Ventava forte e tive de diminuir as velas para reduzir a velocidade e chegar durante o dia. Além do clima desfavorável, o mar cresce muito naquela região, pois a profundidade passa de mais de mil metros para algo em torno de 15 metros em questão de segundos. Isso faz com que a corrente fique fortíssima e as ondas cresçam. Muitas vezes elas quebram em crista na única passagem que dá acesso ao atol de Rangiroa – um vulcão extinto cuja beirada aflora na superfície da água, formando um anel de terra estreito, que não deve ter mais do que 100 metros de largura, mas com uma circunferência enorme (de veleiro, seria necessário um dia inteiro para percorrê-la). Há uma única entrada para o *lagoon*, como se denomina a parte interna do atol, também muito estreita e cercada por recifes, o que dificulta o acesso.

Mas valeu a pena. Rangiroa é um lugar maravilhoso! Vista de cima, a formação se assemelha a um colar de pérolas com uma falha (que seria a entrada). Sobre a crista do vulcão há uma capela e algumas casas com paredes repletas de conchas – uma pequena civilização que poderá deixar de existir daqui a alguns anos devido ao aquecimento global. A lagoa interior de Rangiroa é azul-turquesa, tão transparente quanto a de Bonaire, só que, ao contrário da ilha do Caribe, abriga uma grande diversidade de vida marinha: parece que estamos navegando em um aquário com golfinhos, raias, peixes coloridos, que podem ser vistos da superfície sem precisar mergulhar.

Cheguei com o vento razoavelmente forte e joguei a âncora num local onde estavam alguns veleiros. A ancoragem devia ter entre 30 e 40 metros, muito mais profunda que os dez metros habituais. Mas a água era tão clara que dava para ver o fundo de areia branca, onde duas raias estavam deitadas. A imagem causava a impressão de que havia três âncoras ali.

Carol iria me encontrar em Papeete, capital da Polinésia Francesa, situada na ilha do Taiti, no dia 16 de setembro. Eu queria chegar com pelo menos cinco dias de antecedência para deixar o barco bonito, com tudo arrumado para nossa "lua de mel". Então, no terceiro dia, resolvi deixar aquele paraíso e seguir viagem. Mas, como estava perto da hora do almoço, resolvi tentar pegar um peixe com o arpão e fazer uma boa refeição antes de encarar mais dois dias de mar. Peguei meu equipamento de mergulho e de pesca e fui de bote até uma cabeça de recife a poucos metros da entrada do atol. Alguns mergulhadores locais me explicaram que naquela região existia uma grande concentração de peixes devido à forte correnteza e ao alto nível de nutrientes daquelas águas.

O mergulho foi fantástico. Peixes coloridos, conchas enormes com lábios de várias cores, tartarugas, moreias e tubarões. Demorei uns quatro tiros para acertar a mira, mas finalmente atingi um peixe que cabia direitinho em minha frigideira. O pobre coitado, espetado no arpão, se debatia tentando se safar e o sangue começou a se misturar com a água. De repente, um tubarão veio nadando a mil e avançou sobre minha vítima, deu umas sacudidas e levou meu almoço embora. Assustei-me um pouco, mas ele não ia me atacar. Não estava lá por minha causa, e sim pelo peixe – de qualquer modo, não era um tubarão gigante.

Nesse tipo de pescaria, normalmente carrega-se uma fisgueira, um cabo que passa pela brânquia, órgão respiratório do peixe, e permite arrastá-lo. Mas era impossível fazer isso ali. Até chegar ao bote, que ficara ancorado a uma boa distância de onde eu mergulhava, outros tubarões poderiam ser atraídos pelo sangue. Decidi rebocar o bote com uma corda enquanto ia mergulhando para que, quando arpoasse o peixe, pudesse carregá-lo logo para fora da água, longe do alcance dos tubarões. Aí, sim, consegui caçar e preparei um peixe frito maravilhoso, com acompanhamento de purê de batatas desidratado, antes de rumar para o Taiti.

No caminho para Papeete, ainda peguei um peixe grande muito comum na Polinésia, o mahi-mahi (equivalente à nossa cavala), que rendeu sashimi, ceviche, peixe frito e assado. A viagem foi tranquila e acabei chegando em um dia e meio, em vez dos dois que havia previsto. Cheguei ao final do entardecer e não tinha certeza de onde ficava o ancoradouro de Papeete. Sendo assim, passei a primeira noite num píer provisório, mas que tinha um valor simbólico: era o mesmo ancoradouro público em que Bernard Moitessier viveu durante muitos meses a bordo do veleiro de dois mastros no qual fez a primeira regata de volta ao mundo sem escalas. Em pleno centro de Papeete.

O livro *The Long Way*, um clássico da literatura náutica de autoria de Moitessier, era uma de minhas leituras a bordo do Bravo. Aliás, foi graças ao dinheiro que ele ganhou com as vendas de *Un Vagabond des Mers du Sud*, em que relatava suas primeiras viagens, que o navegador francês construiu um barco que suportasse os desafios de uma longa travessia. Batizou a embarcação de Joshua, em homenagem a Joshua Slocum, o primeiro homem a navegar sozinho ao redor do mundo em 1895, a bordo do Spray. Em 1963, Moitessier e sua esposa, Françoise, partiram da França e passaram por lugares, como Casablanca, Trinidad, Taiti e Cabo Horn. O casal voltou para casa na Páscoa de 1966.

Em 1968, Moitessier partiu mais uma vez em sua embarcação, de Plymouth, na Inglaterra, agora para participar sozinho da "Sunday Times Golden Globe Race" – regata relatada no livro *The Long Way*. Entre diversas dificuldades e acidentes enfrentados pelo Joshua, Moitessier entrou em depressão e passou a exercitar ioga como um método de autocontrole. Considerou, então, a hipótese de não voltar para a Europa, questionando o sentido de sair e chegar ao mesmo porto sem poder parar nos locais de que mais gostava, apenas para provar algo. Os nove barcos participantes da regata largaram na Inglaterra com o objetivo de contornar o continente africano, atravessar o Oceano Índico, o Cabo Horn (extremo sul da América do Sul), e voltar para a Inglaterra. Mas, quando chegou ao Cabo Horn, tomou sua decisão: utilizando um estilingue, lançou num navio que passava por perto uma mensagem destinada a seu correspondente do jornal (e patrocinador da regata) em Londres. Na mensagem, comunicava que tinha desistido da competição: "Porque estou feliz no mar e talvez para salvar minha alma". Moitessier continuou navegando por mais três meses; completou sua segunda viagem ao redor do mundo ao atravessar pela segunda vez os oceanos Atlântico e Índico antes de voltar ao Pacífico, aportando em Papeete. Sem que tivesse planejado, fez a viagem de iate mais longa da história, sem paradas, percorrendo 14.216 milhas náuticas.

Depois de partir do ancoradouro que também servira a Moitessier, cheguei na manhã seguinte à marina Taina, que é muito bonita e também fica em Papeete. Rodeada por um colar de recifes, tem apenas algumas entradas, todas muito bem sinalizadas.

Fiquei amarrado numa boia, deixando para atracar no píer apenas dois dias antes de Carol chegar, pois a diária na marina é cara – US$ 62 por dia. Ficando na boia, eu não pagava nada. Estava sem um tostão no bolso e a situação não deveria melhorar até segunda-feira, quando poderia ir ao banco sacar dinheiro. Naquele domingo à noite caiu uma tempestade daquelas, e tive de mudar o barco de lugar, pois o dono da poita em que eu havia amarrado o Bravo chegou. Por sorte achei outra boia livre e tudo correu bem. Ou, pelo menos, era o que eu achava.

Finalmente chegou a segunda-feira. Quem diria que um dia eu pensaria numa coisa dessas? Depois de um ano e meio de férias, estava me livrando do trauma do início da semana. Tinha três coisas para fazer na cidade, que fica a uns 8 quilômetros da marina: passar pela imigração, sacar dinheiro e comprar alguns objetos de manutenção para o barco que não havia achado em Nuku Hiva.

Tirei a bicicleta do paiol de proa e, quando fui colocá-la no bote para desembarcar, cadê o bote? A tempestade da noite anterior havia levado meu bote embora com motor e tudo. Fiquei desesperado. Em primeiro lugar, porque a Carol chegaria dali a poucos dias e estar no barco sem um bote significava que não poderíamos descer em terra sem nadar ou sem estar encostado num píer, o que nem sempre é possível. Em segundo lugar, porque o bote serve para descer na praia, mergulhar, transportar coisas, enfim, mil e uma utilidades. Além do mais, um novo custa uma fortuna, especialmente na Polinésia, onde tudo é caríssimo.

Como o Taiti é cercado por recifes, ele não poderia ter ido parar em mar aberto, deveria estar encalhado na costa ou na barreira de recifes próximo dali. Resolvi, então, tentar pegar um bote emprestado para procurar o meu. Encostei o Bravo no píer dos superiates, onde havia um veleiro mais deslumbrante que o outro: eram os "maxi boats", veleiros muito grandes, com mastros enormes, que custam milhões. Consegui um bote emprestado da tripulação do Nirvana, um máxi de 170 pés (o Bravo tem 45), com casco preto, dois mastros, um barco fantástico. O capitão era um espanhol, para quem expliquei o que estava acontecendo. Ele não apenas me emprestou um dos botes do Nirvana, mas também dois tripulantes. Fomos seguindo na direção oposta de onde estava soprando o vento na noite anterior e, dito e feito, encontrei meu bote num lugar bem distante, já perto do aeroporto de Papeete. Estava encalhado nos recifes, como eu previa, mas inteirinho – confirmava o ditado dos navegadores, de que Deus olha pelas crianças e pelos donos de barcos.

Depois da novela do bote, subi na bike e fui para Papeete. Mas, no caminho, o pedal da bicicleta quebrou. Mais um dos reveses que vinha acumulando nesses dias. Continuei pedalando daquele jeito "ponto e vírgula", com uma perna só, até chegar à cidade. Foi então que começou outra novela, que era entender as explicações do povo, já que, entre o meu francês e o inglês do pessoal de lá, seria mais fácil tentar me comunicar em russo.

Percorri três bancos diferentes até encontrar uma agência em que consegui sacar o dinheiro. Depois foi a vez de achar o posto de imigração, onde poderia fazer minha documentação e, finalmente, percorrer meia cidade procurando as peças e ferramentas que tinha de comprar. Hoje, posso dizer que realmente conheço Papeete. Não consegui consertar a bicicleta, mas, depois de ter recuperado meu bote, estava achando tudo lindo.

Fui para o píer dar o toque final no barco, lavar o convés com ácido (para tirar algumas manchas), limpar o costado, fazer as compras e a lavanderia. A marina estava cheia e a administração acabou me colocando no mesmo píer dos superiates, todos veleiros. Havia o Mustang, um barco de aço de 84 pés e bandeira sul-africana; o Selyn, um barco clássico de madeira com 110 pés e bandeira inglesa; o Carollynne, outro clássico de mais de 100 pés, também da África do Sul; o Nirvana, barco espanhol que me emprestou o bote; o Ipicsuna, um Swan moderno de 82 pés, lindo de morrer, e o Bravo – que no meio deles parecia um mascote, um barquinho de controle remoto.

Todas as tripulações eram profissionais. No dia em que cheguei ao píer, eles me convidaram para uma "dock party", quando as tripulações de cada barco compartilham parte de seus suprimentos e todos ficam conversando, comendo e bebendo. Montaram mesinhas no píer e o cardápio da festa incluía até carne de cervo, que uma das tripulações havia levado do Canadá. Como eu só tinha macarrão e molho de tomate, levei uma garrafa de rum e algumas cervejas.

Nasa flutuante

Nessa noite, tive a oportunidade de conhecer o Nirvana, cuja tripulação era formada por dez pessoas – dois engenheiros mecânicos, um cozinheiro, um encarregado das velas, duas camareiras, mais três pessoas no deck e o capitão. Tudo isso para atender o dono, um empresário espanhol que, assim como eu, resolveu dar a volta ao mundo, só que com classe: ele ficava trabalhando na Espanha enquanto seus funcionários levavam o barco durante as longas travessias. Ele viajava de avião para o local e ficava "hospedado" no barco para fazer algum trecho mais curto.

No Nirvana, o calado[24] era de três metros. Mas, quando abaixava a quilha retrátil, atingia dez metros. Com nove cabines, ele carregava 11 mil litros de combustível e dois dessalinizadores, que produzem mais de 400 litros de água doce por hora. Da sala de comando, decorada com dois quadros originais de Miró, era possível controlar o leme e o motor por *joystick*. Já a produção de água, os bancos de baterias, a navegação, a telefonia, os radares e as velas podiam ser controlados por *touch screen*. Era praticamente uma Nasa flutuante.

Para dar uma ideia, o Nirvana havia ganhado, no Yatch Club de Mônaco, o prêmio para interiores de barcos. Seu orçamento não deixava por menos. Enquanto esperava pela Carol, fui às compras com Arturo, cozinheiro do Nirvana. Encontrei de tudo, mas fiquei surpreso com a minha conta, que ficou em quase 300 euros – nada, porém, comparado ao custo dos suprimentos comprados por Arturo: 5.000 euros. E eu lá estocando macarrão e achando tudo um absurdo, caríssimo.

Minha compra incluiu queijos e vinhos franceses (afinal, estava na Polinésia Francesa), pois a Carol chegaria em breve. Estava ansioso. Sentia muito a falta dela e das meninas, sonhava com a hora de reencontrá-las. Carol ficaria comigo só até dia 27 de setembro (ou seja, 11 dias), mas era

---
24 Distância entre a linha d'água e o ponto mais baixo da quilha.

o gás de que precisava para continuar a viagem até novembro, quando finalmente estaria com Marina e Sofia.

Para esperar por ela, o Bravo passou por uma faxina completa e tinha até vaso de flores na parede, improvisado com uma garrafa pet cortada ao meio. Quando ela chegou, adorou a surpresa. Rodamos dois dias por ali, visitamos o mercado de pérolas local e compramos fantasias polinésias para as meninas. Carol chegou cansada, tinha feito uma viagem longa e precisava se adaptar ao fuso horário.

Partimos de Papeete em 18 de setembro. Depois de quatro horas de mar bem agitado, chegamos a Moorea, ilha que fica a poucas milhas de Papeete. Ancoramos próximo de onde estavam todos os outros veleiros, ao largo de uma praia muito bonita, com água transparente. Depois de tanto tempo embarcado, minhas pernas estavam bem finas por causa da falta de exercício, e a Carol me pôs para correr – uma boa forma de explorar o local.

Depois de Moorea, continuamos navegando para oeste/noroeste e paramos em Hanuhine, onde ficamos alguns dias antes de continuar a viagem até Bora Bora. Em Hanuhine, navegamos ao redor da ilha, sempre dentro do *lagoon*, protegidos pelos recifes. Nosso maior problema era a falta de peixes. Não conseguimos pescar nada desde que saímos de Papeete. A Carol começou a desconfiar de que os meus relatos sobre peixes enormes não passavam de histórias de pescador. Por sorte eu tinha feito uma boa compra no Carrefour de Papeete, no qual os queijos franceses eram mais baratos do que atum enlatado.

A distância até Bora Bora era relativamente curta e programei nossa saída para chegar ao amanhecer. Não é à toa que Bora Bora é conhecida como a pérola da Polinésia. Toda a ilha é rodeada de "motus" ou pequenas ilhas que se formam ao redor da barreira de corais, fazendo com que o mar dentro dessa "lagoa" seja muito calmo. Os bangalôs estavam por todos os locais e havia turistas de todas as partes do mundo. Depois de três dias na região, encontramos com meus amigos canadenses do veleiro Coolabah. Não os via desde que deixara Galápagos, mas lá estavam eles novamente.

O Yacht Club de Bora Bora é pequeno e tem um grande bangalô que abriga um restaurante. Ao cair da tarde, as mesas tomam conta do píer, cada uma iluminada por um par de tochas, diante de uma pequena praia de areias brancas, cercada por pedras e uma intensa vegetação banhada por água azul-turquesa.

Apesar do ambiente agradável, precisávamos retornar para Papeete, onde a Carol pegaria o voo de volta para São Paulo. O céu começou a fechar, e a previsão do tempo era de ventos nordeste de até 15 nós. A direção não era das melhores, teríamos que navegar contra o vento, mas a intensidade era baixa. Saímos de Bora Bora à noite, com a intenção de navegar até Raiatea, no meio do caminho que precisaríamos percorrer.

Depois de quatro horas de navegação e apesar da previsão, o tempo começou a azedar. O vento foi aumentando gradativamente, e eu fui diminuindo as velas. Perto da meia-noite, o vento já soprava a 30 nós, e dali para a frente só aumentou. Na madrugada, estávamos velejando com 50 nós de vento, e as ondas quebravam em cima do convés do Bravo. Uma dessas ondas quebrou na popa e entrou na cabine, formando uma desagradável cachoeira de água salgada que descia pela escada de acesso ao interior do barco. Era só o começo.

De repente, o GPS deu pau. Depois foi a vez do piloto automático e das baterias, que não carregavam mais. Tive de amarrar o gerador eólico, que ameaçava sair voando a qualquer momento, pois girava muito rápido e produzia um barulho insuportável, além de assustador.

Resolvi voltar para Bora Bora, pois sem GPS não poderia arriscar a entrada num porto desconhecido como o de Raiatea – e Papeete ainda estava muito longe. Além disso, teríamos de continuar navegando contra o vento. Demos meia-volta. A navegação ficou mais confortável, pois agora o vento vinha de popa, e o barco já não adernava. Entretanto, a situação ficou muito mais perigosa.

Ao navegar com vento vindo por trás, o perigo é o *jibe* – situação similar àquela que eu já vivera na travessia do Mar do Caribe. A diferença é que, agora, eu estava com Carol a bordo, o que redobrava minha preocupação. Quanto mais forte o vento, mais violento é o *jibe*. E com 50 nós de vento, um *jibe* provavelmente derrubaria o mastro do Bravo. Para evitar a tragédia, poderia simplesmente mudar o rumo em alguns graus para a direita. Seria extremamente fácil, não fosse um pequeno inconveniente: a poucos metros à direita estavam os recifes que rodeiam a ilha de Raiatea. Escapar da zona do *jibe*, portanto, significava jogar o barco para cima das pedras.

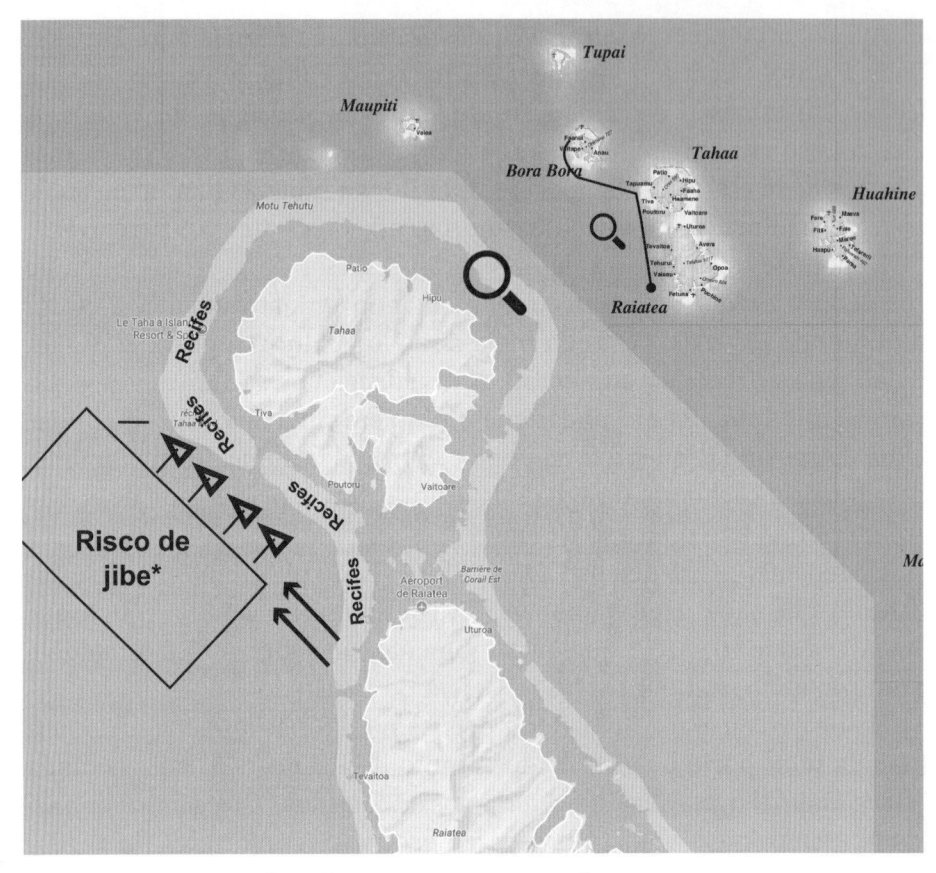

⬧ Barco com velas abertas para a esquerda
↘ Direção do vento – mais de 50 nós
✶ Risco de jibe - afastar-se dos recifes significava derrubar o mastro num jibe

O jeito foi continuar navegando no limite do *jibe* até o final daquela formação rochosa. Como "desgraça pouca é bobagem", o estresse da situação resultou numa inadiável vontade de ir ao banheiro, mas não podia largar o leme um segundo, pois, se o fizesse, o problema seria muito maior do que uma cueca suja. Aqueles foram alguns dos 30 minutos mais longos da minha vida. Tentava me distrair fazendo contas e, quando lembrei que uma cueca custava aproximadamente 0,0...01% do preço de um mastro novo, quase relaxei. Por sorte os recifes acabaram a tempo, e eu economizei uma cueca e o vexame.

Foi a pior tempestade que pegara até então – e, ironicamente, na pior borrasca antes dessa a Carol também estava comigo, e ela continua me acompanhando apesar dessa sina. Ela estava passando mal e chapadíssima com as doses cavalares de Dramin[25], que tinha tomado para minimizar os enjoos. Isso, porém, não a impedia de vomitar até a alma, nem de notar (como depois me diria) que eu estava com "cara de terror", o que a assustava ainda mais. Essas tempestades tropicais do Pacífico são monstruosas, e, com visibilidade zero, a barreira de corais era um perigo iminente.

Conseguimos finalmente ultrapassar a zona de risco e chegar de volta a Bora Bora. Ainda ficamos uns dias juntos, descansando e nos recuperando do susto. Carol acabou pegando em Bora Bora um avião que a levaria até Papeete, de onde seguiu à rota programada: do Taiti para a Ilha de Páscoa, em seguida para Santiago, no Chile, e finalmente São Paulo. Fiquei triste com a separação e com uma boa dose de inveja. Afinal, em um par de dias ela estaria com Marina e Sofia, enquanto eu ainda tinha muita água pela frente antes de reencontrar minhas filhas.

A turma do rúgbi

Dois dias após a partida da Carol, chegaram a Bora Bora meus amigos Adriano (que tinha feito comigo a travessia até o Caribe) e Marcio Svartman. Eles me acompanhariam até as Ilhas Fiji.

Marcio e Adriano eram meus companheiros de rúgbi, uma paixão que ocupou boa parte da minha juventude, assim como a vela. Eu estava no colegial quando resolvi procurar um time do qual pudesse fazer parte em São Paulo.

O rúgbi é um esporte muito praticado na Argentina, mas no Brasil tem pouca tradição. Nunca gostei de futebol, não tenho paciência com o "mimimi" dos jogadores que se jogam no chão simulando contusão para ganhar o jogo na base do teatro. Isso sem falar no desrespeito ao juiz e na violência dissimulada dos jogadores. O rúgbi é um jogo forte, em que as regras são respeitadas, e os jogadores, leais com seus adversários. Apenas o capitão da equipe tem autorização para falar com o juiz, e suas decisões não são contestadas. Tem um ditado que diz: "O

---

25 Remédio para combater náusea e vômito.

futebol é um esporte de cavalheiros jogado por brutos, enquanto que o rúgbi é um esporte de brutos jogado por cavalheiros". Fui pedindo indicações para conhecidos, até chegar à Faculdade de Medicina da USP. O lugar era um parque incrível. No meio do mato havia um campo de futebol e uma piscina olímpica com trampolim e, ao lado, um bar. No entanto, a faculdade tinha apenas um time adulto e eu ainda era muito novo para jogar naquela categoria. A direção da Atlética tinha interesse em montar uma equipe juvenil, e me incumbiu da tarefa de juntar uma turma de adolescentes desajustados, porém interessados em correr atrás de uma bola oval.

Chamei o pessoal do colégio em que eu estudava na época, o Oswald de Andrade. Entre os amigos estava o Adriano, que, por sua vez, indicou o Marcio (que eu também já conhecia do tempo em que havíamos estudado juntos na Escola Pacaembu). Marcio era aluno do Colégio Equipe, onde recrutou mais alguns integrantes para a nossa turma. Assim, criamos o primeiro time de rúgbi juvenil da Faculdade de Medicina da USP.

Foi um período muito legal da minha vida. Muitos dos que faziam parte daquele grupo, como Adriano e Marcio, continuam meus amigos até hoje. Nós nos divertimos muito naquele período. A bagunça já começava no ônibus, que era o mesmo que levava a maior parte da turma para o campo. O pessoal do Oswald embarcava no ponto da Teodoro Sampaio, rua do bairro de Pinheiros, onde nos reuníamos com a turma do Colégio Equipe. Lotávamos o busão com a nossa equipe, e a bola era passada de mão em mão entre os passageiros. Ficávamos amontoados na traseira do ônibus para descer por trás sem pagar. Mas o motorista já conhecia a nossa gangue e pulava o nosso ponto, nos obrigando a correr várias quadras para chegar a tempo do início do treino.

O treino era pesado, e em alguns momentos eu ficava tão exausto que parava para vomitar. Não era raro luxar o ombro durante as partidas. Ainda tenho problemas nos ombros como resquício daquela época. Com o tempo passei a treinar também no time adulto e, mais tarde, na seleção brasileira juvenil. Os treinos foram ficando cada vez mais intensos, e a falta de um preparo físico adequado contribuiu para que minhas contusões ficassem mais sérias, me obrigando a parar de jogar muito mais cedo do que gostaria. Foi uma pena, pois, assim como a vela, o rúgbi ajudou a moldar a minha personalidade. Os dois esportes me ensinaram a perseverar, a não desistir. Não consigo dissociar o que sou hoje e as escolhas que fiz na vida das habilidades que desenvolvi na prática desses dois esportes, um no campo e outro no mar.

No reino de Tonga

Enquanto Marcio, Adriano e eu preparávamos o barco para a travessia, recebemos o aviso de que havia o risco de ter um tsunami em Bora Bora com a mesma proporção daquele que destruíra Samoa naquele mesmo ano, 2009. Saímos para alto-mar, onde as ondas do tsunami se tornam inofensivas, mas felizmente nada aconteceu, a não ser um mar um pouco mais agitado do que o normal.

Fizemos uma ótima velejada de três dias até Aitutaki, nas Ilhas Cook, na Polinésia. Pretendíamos fazer uma escala ali antes de seguir até Rarotonga, outra ilha desse arquipélago, a sudoeste de Bora Bora. Mas, ao chegar a Aitutaki, descobrimos que a ancoragem fora do *lagoon* era péssima. Não tive coragem de ficar naquele lugar em que o vento e o mar jogavam o barco contra os corais. Portanto, paramos para um rápido mergulho e seguimos diretamente para Rarotonga. Seriam mais dois dias de viagem, marcados por ventos fortes e algumas tempestades no caminho, mas chegamos bem e contentes.

Rarotonga é ainda mais bonita do que Bora Bora. É uma ilha pequena, de apenas 30 quilômetros, rodeada de praias paradisíacas, com uma vila linda, alguns restaurantes bacanas e uma população que, como em todo o Pacífico, é muito simpática. Alugamos um carro e ficamos dando voltas e mais voltas na ilha, que tem duas linhas de ônibus: uma se chama "Sentido Horário", a outra, "Sentido Anti-Horário". Quando já estávamos ficando tontos com tantas voltas, resolvemos partir para nossa maior perna, de Rarotonga a Nukualofa.

A viagem estava prevista para durar quatro ou cinco dias, mas logo na primeira noite pegamos uma tempestade brava, com ventos muito fortes – não como as que peguei com Carol, mas o suficiente para rasgar a vela mestra e dar um susto na nova tripulação. O jeito foi continuar só com a genoa, a vela da frente.

Eu já não estava só a bordo. Meus amigos eram agora os tripulantes de um veleiro em travessia, em que nem sempre a situação é confortável, dificultando a convivência. Os espaços precisam ser muito bem respeitados, a paciência exercitada, e a hierarquia se faz necessária. Apesar da dificuldade imposta pelo ambiente, a tripulação tinha fortes laços de amizade e uma vontade imensa de completar a travessia com sucesso. O vento acalmou e o resto da viagem foi excepcional. Voltamos a pescar e capturamos um dourado enorme, além de outros dois peixes um pouco menores.

Chegamos dentro do tempo previsto a Nukualofa, a capital do reino de Tonga, última monarquia das ilhas do Pacífico, com seus 100 mil habitantes governados pelo rei Topu VI. Esse pequeno reinado fica no "contra meridiano" de Greenwich, ou seja, no meridiano 180º, e é o único lugar na Terra onde é possível "viajar no tempo": se estivermos à direita do meridiano e dermos um passo para a esquerda, sentido oeste, voltamos um dia (24 horas exatas) no calendário.

Nukualofa não é um lugar dos mais bonitos, mas o povo é de uma hospitalidade e uma simpatia incríveis. Seus habitantes, tanto os homens quanto as mulheres, utilizam uma "saia" feita de palha entrelaçada e cobrem o dorso com camisas estampadas, bem coloridas. A população tem o costume de enterrar seus entes no jardim de casa e, cada vez que alguém morre, eles assam um porco, reúnem a família e os amigos e festejam mais do que em final de Copa do Mundo.

Certa vez, passamos por uma festa com muita gente, comida e bebida. Chegamos perto e o Adriano perguntou se aquilo era algum tipo de festival aberto ao público. A resposta foi inesperada: "Não, é um funeral". Assim como ocorre em algumas culturas orientais, os tonganeses acreditam que a morte deve ser uma celebração da vida da pessoa que se foi.

Antes da partida do reino de Tonga, Marcio e eu costuramos a vela mestra para a travessia até Fiji, onde esperávamos chegar quatro dias depois. Seria a última escala do Bravo antes de sair da água e ficar no seco durante quatro meses, aguardando o término da temporada de furacões do Pacífico, que vai de novembro a maio. Eu não via a hora de chegar a Fiji, pegar um avião e voltar para São Paulo e para minhas três mulheres. Mais alguns dias e estaria em casa, acompanhado da família. Estava bastante ansioso e contente com a perspectiva do reencontro, mas passaria um longo período em casa longe do Bravo e, por isso, queria aproveitar ao máximo aquelas últimas velejadas da temporada, antes de chegar ao nosso destino final, a marina Vuda Point, em Viti Levu.

CAPÍTULO 14
Momentos de desespero em Fiji

Entre a monarquia e a república, o lixo. Essa é uma forma de sintetizar nossa única escala entre o reino de Tonga e Fiji, país republicano e independente ao qual nos dirigíamos após passar por arquipélagos da Polinésia, que tinham estatuto de dependência em relação a outros países. A tal escala foi numa ilha totalmente desabitada de um atol com um conjunto de ilhas desertas. Sua praia era de areia branca, cheia de coqueiros carregados, mas também com um monte de lixo espalhado. Eram garrafas pet e todo tipo de embalagem plástica que se possa imaginar, com rótulos em vários idiomas. Obviamente, o lixo não era originário da ilha, pois ali não havia absolutamente nada, nem uma casa ou qualquer outro tipo de construção, apenas coqueiros e uma vegetação muito fechada. Os detritos deviam ter chegado com a maré, o que é uma pena, pois a praia era uma das mais bonitas que já vi.

Pescamos um lindo dourado pouco antes de chegar à ilha, o que nos garantiu um delicioso sashimi acompanhado de tartar e arroz. Comemos, fomos para a praia, catamos coco, mergulhamos e fomos descansar.

À meia-noite levantamos a âncora e rumamos para Frigate Pass, onde Adriano esperava encontrar as ondas em que havia surfado havia mais de dez anos. As ondas não estavam lá, e o local me pareceu um pouco perigoso devido à abundância de corais na região e o forte vento que soprava. Depois da decepção de Adriano, fomos embora sem jogar a âncora.

O vento de través continuou soprando cada vez mais forte, superando os 35 nós. Com a ajuda apenas da genoa, surfávamos as ondas numa velejada espetacular, ultrapassando os 13 nós de velocidade. O dia estava ensolarado e nos aproximamos rapidamente do destino final. Para melhorar ainda mais o dia e coroar a viagem, pegamos mais um peixe, uma barracuda que, com a velocidade do barco, vinha "quicando" na água.

Entramos no canal que dá acesso ao *lagoon* de Viti Levu, a maior das Ilhas Fiji, e o vento deu uma diminuída. Subimos a mestra e fomos velejando em zigue-zague contra o vento até o local onde ficava a marina. Ao chegar, baixamos as velas, ligamos o motor e nos aproximamos bem lentamente. Já estava escuro, mas dava para ver os mastros dos veleiros parados no interior da marina, onde as pessoas confraternizavam no bar que ficava a poucos metros de onde estávamos. A discussão a bordo era se iríamos comer um X-salada no bar ou um sashimi no barco.

Não conseguíamos visualizar a entrada da marina, que tampouco estava marcada na carta náutica. Tentamos diversos contatos pelo rádio VHF, mas, aparentemente, estavam todos comemorando no bar e não obtivemos resposta. Portanto, fomos nos aproximando mais e mais para tentar enxergar as boias de marcação. Quando o eco registrou seis metros, engatei uma ré, pois não queria me aproximar mais, com medo de algum recife – mas a decisão e o procedimento aconteceram com fatal atraso. Batemos num recife, a ré já não funcionava e o motor simplesmente parou. O barco sacudia de forma assustadora. Subia e descia aos trancos como se estivesse cavalgando aquele maldito recife. A trilha sonora era apavorante: crack! crack! crack! crack!

O Marcio pôs a cabeça para fora da cabine e falou: "Tem uma luz vermelha acendendo!". Desci à cabine e fui diretamente para o rádio pedir socorro: "Mayday! Mayday! This is sailing boat Bravo calling in front of Vuda Point marina. We hit a reef! We are sinking!" (Socorro! Socorro! Aqui é o barco Bravo, chamando em frente à marina de Vuda Point. Nós batemos em um recife! Estamos afundando!). Mas todos estavam no bar, ninguém respondeu. A luz vermelha era da bomba de porão que, naquela noite quase perfeita, não pararia mais de funcionar.

As tampas dos paineiros (piso do barco) passaram a flutuar. Começamos a tirar água com o balde e com a bomba manual, até que chegaram dois franceses num pequeno bote para tentar nos ajudar. Em seguida, veio também uma lancha que tentou nos desencalhar, mas sem sucesso. Dentro da cabine, a água já atingia nossa cintura. Ao som ritmado de estalidos no casco, abandonamos o Bravo no meio da noite depois de tentarmos, inutilmente, tirar a água que entrava. Foi um momento muito triste.

Aquele barco tinha um significado especial para mim. Havia sido a minha casa durante aquele ano e meio, e o barulho era um mau sinal: eu poderia jurar que era a fibra se partindo e deixando um enorme buraco no casco. Era desesperador. Antes de abandonar o Bravo, arrisquei um mergulho. Com a ajuda de uma lanterna, percebi que o casco, aparentemente, não tinha nenhuma avaria. Pelo menos a boreste (lado direito), já que não dava para ver o lado de bombordo (esquerdo) nem a rabeta (onde sai a hélice), pois o barco estava apoiado nos recifes.

Naquela mesma noite fiz uma reunião com Marcio, Adriano, JP (dono da marina), Stéphane e o Hugo (os dois franceses que foram nos ajudar). Traçamos o plano de ação para o dia seguinte e fomos dormir num dormitório dentro da marina, cedido gentilmente pelo JP (ou, no meu caso, tentar dormir). Às 3 horas da madrugada eu não aguentei: peguei o bote e fui até o lugar do naufrágio. O Bravo estava no mesmo lugar, mas a linha d' água estava quase um metro e meio mais alta e chegava ao teto da cabine. Dentro do barco, tudo flutuava: colchonetes, madeiras, roupas e a comida.

Não havia o que fazer naquele momento, só lidar com a culpa. O canal de entrada da marina não estava sinalizado, mas o erro foi meu. Não se entra num lugar que não conhece à noite. Nessas circunstâncias, o certo é ficar navegando até amanhecer para entrar com segurança. Confiei nas minhas cartas náuticas, mas a cartografia do Pacífico não é apurada, então a nossa localização tinha uma diferença de dez ou vinte metros em relação ao que sugeriam as cartas. Enfim, não foi um acaso, foi imprudência. Sem distinguir a entrada que cortava os recifes para adentrar a marina, acabei errando. Achava que estava num lugar, mas estava em outro – e afundei o Bravo. Foi horrível. Um dos piores momentos da viagem.

Já planejava tirar o Bravo da água em Fiji, pois a temporada dos furacões estava se aproximando. Nesse período, não se pode navegar na região e, num procedimento tão corriqueiro quanto estranho, eles "enterram" parte dos barcos. Amarram as embarcações em um buraco cavado na terra para que, se vier um furacão, ele passe por cima sem causar danos.

Às 5h30, no pico da maré baixa, já estávamos todos no Bravo de novo e começamos a trabalhar no resgate. Dentro do barco devia ter aproximadamente 1,5 metro de água, e tive de mergulhar na cabine para ter uma boa surpresa. Constatei que o estrago não havia sido no casco, mas na vedação da rabeta (peça que faz a transmissão do motor para a hélice). Dentro das circunstâncias, essa era uma ótima notícia, pois bastaria trocar essa peça que liga o motor à hélice (além da própria hélice, que fora esmagada pelo peso do barco). Uma notícia muito melhor, em todo caso, do que um buraco no casco, que poderia ter afetado a estrutura, comprometendo para sempre a segurança do Bravo. Uma trégua depois da tensão que havia experimentado nas últimas horas.

Usando pedaços de madeira e toalhas, Marcio e eu tampamos o buraco por onde a água estava entrando. Enquanto isso, do lado de fora, Adriano coordenava a ação do pessoal da marina, que dava partida numa bomba bem grande para devolver a água para o mar. Rapidamente a água foi escoada, o Bravo ficou mais leve, voltou a flutuar e foi facilmente rebocado até a marina, a poucos metros dali, onde um *travel lift*[26] o retirou da água por volta das 9 horas.

Uma vez fora da água, pude confirmar com grande alegria que o casco estava intacto e que aquele barulho horrendo era causado pela rabeta empurrando o motor, que acabou se soltando do "berço" em que fica preso ao casco. O motor foi deslocado para cima e para o lado, mas nada sofreu. Entretanto, como ficou submergido na água salgada, precisou ser removido com a ajuda de um guindaste. Uma vez fora do barco, os mecânicos fizeram o motor funcionar com óleo novo e na água doce, constatando que estava em perfeitas condições. Ainda bem, pois um motor novo custa uma nota preta.

No casco havia apenas alguns arranhões e algumas batidas na quilha e no leme, mas nada muito importante. O grande problema foi que a água estragou todos os equipamentos eletrônicos do barco: rádio VHF, *chart plotter*[27], instrumentos de navegação, rádio SSB. Além disso, tive de

---

26 Equipamento utilizado para tirar o barco da água e transportá-lo sobre rodas.
27 Dispositivo que integra dados de GPS com um mapa de navegação eletrônico.

trocar boa parte da fiação, que sofreu um bocado ao entrar em contato com a água do mar. Os livros e o computador também foram destruídos. Um estrago geral.

Em apenas quatro dias conseguimos limpar todo o barco. Retiramos todas as madeiras de dentro, lavamos tudo com água doce e tiramos as bombas e os instrumentos. Os colchonetes, as almofadas e as roupas foram entregues para a lavanderia, que teve de buscar tudo de caminhão, pois não cabia num carro normal.

A poucos metros da marina havia uma grande oficina, que é provavelmente a melhor e mais completa para reparos náuticos em todo o Pacífico. Talvez seja superada apenas por oficinas da Nova Zelândia e da Austrália. Além de representantes da Yanmar (fabricante do motor), eles também fazem a parte elétrica, fibra e pintura, marcenaria e tudo mais que uma embarcação precisa.

Em Fiji, reencontrei meus amigos neozelandeses do Salaway (barco que havia conhecido em Galápagos). Eles comentaram que, na Polinésia, ficaram amigos de um cara que estava velejando num barco de madeira. O barco dele estava cheio de gusanos, uma praga que afeta os barcos feitos de madeira, apodrecendo o casco. Após sair da Polinésia, pegou uma tempestade, o barco acabou afundando, e ele e o cachorro se salvaram numa balsa salva-vidas que ficou à deriva por vários dias, antes de encalhar nas Ilhas Cook. Uma história assustadora.

Cabe aqui prestar um tributo aos meus tripulantes, amigos que em algum momento se tornaram meus companheiros de viagem, deixando algum tipo de registro escrito sobre suas impressões, como uma forma de passar o tempo e acomodar as ideias em meio a uma situação tão inusitada.

Esses relatos me ajudam a enxergar a viagem a partir de outra perspectiva. Já transcrevi aqui trechos do diário de Adriano Lavezzo, que fez comigo parte da travessia do Caribe, uma carta de Carla Zaccagnini, que atravessou o canal do Panamá a bordo do Bravo, e agora é o momento de dar voz ao Marcio, que esteve comigo durante o naufrágio em Fiji:

> *Durante o período em que estive a bordo do Bravo, cada história poderia ser contada em muitas páginas, por isso resolvi contar sobre a única coisa que foi constante em toda a viagem. Meu amigo e capitão, o Matias. Constante é certamente uma pobre palavra para*

descrever esta variável, já que alguém, jogado ao mar, tem muito pouco de constante. A cada dia, algo o transforma.

Embarquei no Bravo na Polinésia Francesa. Passamos alguns dias fazendo pequenos consertos e aproveitando um pouco aquela região. Num final de tarde, Matias resolveu que era hora de partir. Olhei ao redor, desconcertado. Agora? Sim, agora.

Viajar com o Matias é estar ao lado de uma sequência de ímpetos que não nascem da irresponsabilidade, mas de uma constante busca pelo limite, realizada sempre nesse encontro entre muita experiência e uma relação desafiadora com o medo e a ponderação. Corremos no pequeno resto de dia para dar conta da papelada de saída. Passamos umas poucas horas ajustando cabos e checando as velas, e logo soltávamos as amarras para ir ao mar. Ao longe, eu via o imenso nada. Uma escuridão absoluta que escondia, e eu bem sabia disso, o mar. O vento foi se intensificando e o balanço do barco se tornando mais selvagem. Logo, a tranquilidade absoluta de um veleiro atracado em Bora Bora virava uma sequência de comandos a serem cumpridos em meio àquela molhada escuridão. As velas do Bravo começaram a ranger e puxar, enquanto puxávamos também para um lado e outro, desenhando a saída dos recifes daquela ilha.

Fui mergulhador e instrutor de mergulho a minha vida toda, e criei uma intimidade interessante com o mar, mas aqui a música era distinta. Afastar-se tanto da plataforma, cruzando profundidades de mais de mil metros, permanecendo por dias distante do primeiro pedaço de terra, dava àquele momento uma perspectiva que, até ali, eu não havia me dado conta. Foi no meio dessa saída agitada que eu, navegador, especialista em mergulho de resgate, com centenas de horas no mar, me via ali, agarrado num canto, enjoado, olhando ao longe e pensando se estar ali seria a pior escolha da minha vida. Lampejos de um pensamento provocado pelo choque entre a imagem que construímos por um segundo, e aquela que a realidade nos apresenta. Logo esse choque seguiu com a repentina aproximação do Matias, que apenas me olhou e disse: Marcião, é assim mesmo. Está tudo certo, entendeu?

Naquele momento eu já conhecia o Matias havia mais de trinta anos. Eu o conheci na escola, jogamos rúgbi juntos, enfrentamos muitas batalhas, mas em nenhuma delas eu havia conhecido aquele

Matias. O capitão. Aquele que em meio à intensa manobra de levar o Bravo na escuridão dos ventos, em segurança para fora da piscina de recifes do Pacífico, me viu ali no canto e percebeu que minha mente fantasiava para um lado pouco construtivo. Em meio àquela intensa e organizada bagunça, teve o cuidado de cuidar.

Viajar com o Bravo foi, antes de tudo, a oportunidade maravilhosa de conhecer ainda mais profundamente quatro personagens com quem achei que já tinha uma profunda e íntima relação. O Adriano, o Matias, o mar e a mim mesmo.

Durante a juventude, nossa turma saía muito, viajávamos para jogar, íamos embora da escola todos no mesmo ônibus, sempre para o mar. A cada vez que um encontro desajeitado iniciava um embate com uma turma distinta, nosso olhar, já no início da discussão, voltava-se para o Matias, na esperança de evitar que ele desfechasse um soco no oponente antes mesmo da conversa começar. Nunca tivemos sucesso. O Matias nunca teve muita paciência para esperar aonde iria uma conversa acalentada. Ia logo definindo seu rumo, e assim já sabíamos logo o que fazer.

À frente do comando do Bravo, um Matias bem mais complexo aparecia. Conversava, explicava decisões, ponderava escolhas. Pouco a pouco foi me levando a criar uma intimidade maior com o Bravo, e, conforme isso acontecia, mais coisas iam sendo divididas entre nós, nas tarefas infinitas daquela jornada. Infinitas em uns momentos, inexistentes em outros.

Das dificuldades às quais é preciso se acostumar em alto-mar, a calmaria é talvez uma das mais duras. O balanço do barco torna-se lento, as velas panejam, e, quando se esvaziam, esvaziam também algo dentro de você. O barco vai se tornando tão lento, que após algumas horas vive-se a sensação de que quanto mais se avança, mais longe se está. Nas calmarias, a experiência do capitão mostra-se tão importante quanto nas tempestades. O mínimo de ansiedade é suficiente para contaminar a todos.

Na história das grandes navegações, todos os motins aconteceram durante as calmarias. A calmaria testa os nervos com uma sutil crueldade. No Bravo, preenchemos a calmaria com tranquilidade, com conversas longas entre três amigos de longa data. Lemos muito e discutimos literatura, e discutir literatura com o Matias foi também uma grata surpresa trazida pelo mar. Dividimos também imensos silêncios. O silêncio lá fora é, por vezes, mais profundo que o mar em si. E lá estávamos nós, eu e o Adriano, conversando no convés numa daquelas noites sem conta. Ao longe, um pedaço escuro de céu denunciava uma área de nuvens baixas. Não me lembro de quem era o turno, mas antes de mudar o rumo ou mexer nas velas, é de bom-tom avisar o capitão, e assim fizemos, despertando o Matias que de pronto olhou e, decidido, comandou que nada fizéssemos. Uma pequena discussão elevou as vozes apenas para serem ouvidas, mas, por fim, a decisão assim ficou. Entramos sob aquelas nuvens com os panos cheios, e o barco começou a deitar. Logo nossos pés se molhavam na água, ainda que estivéssemos em pé no convés. O Bravo estava adernado, quase deitado, e cortava a água em velocidade, enquanto o som da tempestade já ocupava tudo. A chuva sumiu, já que, apesar de cair forte, nos era irrelevante, mas o mar, este sim, assumiu o seu lugar sobre o Bravo.

Sob os comandos duros e berrados, começamos a recolher as velas, reduzir os panos enquanto a natureza clamava para ela qualquer controle. Berramos, corremos, fizemos força, e fizemos rápido. Finalmente estabilizamos o barco. O Matias olhou à frente, observou as velas, observou o vento e, enquanto eu agradecia pela estabilidade que tanto demoramos para conseguir e acolhia alguma autopiedade, veio uma nova determinação: "Vamos abrir um pouco as velas". Aquele comando recebeu contestações, enquanto eu e o Adriano nos olhamos consternados. Mas ali, naquele barco, décadas de amizade não podem colocar em xeque a ordem de comando.

O vento percebeu a oportunidade e nos arrancou os cabos das mãos, puxou as velas e dominou os panos. Por todos os cantos tentávamos assumir o controle tomado pela natureza por um instante. Acabamos ainda mais encharcados, as mãos ardendo, uma vela rasgada, alguns nós que no dia seguinte teríamos de lidar. Fomos dormir em silêncio absoluto, sem conversa ou ponderação. Uma rápida troca de palavras me lembrou de que era meu turno, e fiquei ali, sozinho naquela escuridão, naquele convés pós-tempestade, que muito lembra uma casa após uma festa de adolescentes, quando se vai o último dos resistentes. O Matias, que bate antes e conversa depois, por vezes também aparecia naquela viagem.

Vivemos dias intensos curtindo o mar, curtindo e se apaixonando pelo Bravo e lapidando uma amizade tão rica e antiga. Por fim, nossa viagem poderia ter acabado em um naufrágio, mas ali também se fez presente o Matias cuja determinação de não parar nunca nos faz sofrer às vezes, mas às vezes faz milagres. Uma das maiores lições da minha vida, vivi por isso, nessa viagem. Juntos, mobilizamos em Fiji uma dezena de pessoas. Agimos como velhos companheiros no time de rúgbi e trouxemos o Bravo de volta do fundo. Matias impôs que aquilo ali, o nosso naufrágio vivido ao entrar em Fiji, não era o fim. Decidiu isso por teimosia, e com teimosia ignorou a sensação de derrota e tristeza. Ele nos fez levantar, empurrou, puxou e até brigou, mas assim fizemos, juntos, um pequeno milagre. O fim poderia ter sido a derrota, a perda. Mas foi a reconquista, o recomeço e uma das minhas experiências mais fortes fisicamente, e mais intensas emocionalmente. Trazer o Bravo do fundo à vida. O fim é quando nós escolhemos que acabou.

Enquanto decidirmos que ainda há águas a serem navegadas, podemos dar a volta por cima e deixar para trás os nossos naufrágios, fazendo deles apenas lições.

Marcio Svartman

Temporada de consertos

Já em São Paulo (onde cheguei no dia 5 de novembro), recebi um e-mail dos meus amigos canadenses do Coolabah (aqueles que haviam demorado muito para chegar a Galápagos). Tinha ficado muito amigo da família durante minha estadia na Polinésia, e John, o pai, me ajudou muitíssimo nos reparos da pane elétrica que tive em Bora Bora. No e-mail, eles me contaram que haviam acabado de afundar o barco a 300 milhas de Fiji. Bateram num "objeto submerso", provavelmente um contêiner, e o barco foi a pique. Tiveram que entrar na balsa salva-vidas e foram resgatados por outro barco conhecido, o Intrepid, que estava a poucas milhas de distância.

Num bar de Fiji, após saber de minha história, um australiano bêbado me disse: "You were very lucky on your bad luck" (Você teve muita sorte na sua má sorte). Comparando tragédias, como a dos amigos canadenses com a minha desventura, eu de fato tive muita sorte na minha má sorte. A rigor, tive muita sorte de não ter afundado o barco num lugar remoto, mas num lugar com toda a infraestrutura para poder recuperá-lo.

Fiquei quatro meses em casa, cuidando das meninas. Como eu não trabalhava, levava e buscava a Marina e a Sofia todos os dias na escola, participava de absolutamente tudo na vida de casa. Quase virei uma babá. Quando se aproximou o momento de retomar a viagem, hesitei, pois era difícil me distanciar novamente. Por outro lado, ainda não tinha completado meu plano, tinha vontade de voltar para o mar, estava com saudade da minha liberdade e de ter o meu espaço.

Cheguei ao aeroporto de Nadi, em Fiji, no último voo da noite. O Bravo ainda estava no seco, sem energia elétrica e com caixas, ferramentas, baterias, rolos de fios elétricos, velas e todo tipo de tralha espalhada dentro da cabine. Repousando na marina em Vuda Point, parecia uma casa em reforma, suja e desarrumada, mas cheia de promessas.

O casco havia sido pintado e ficou lindo. O motor e a rabeta nova já estavam no lugar e funcionando. Com a ajuda de uma lanterna emprestada, entrei no Bravo após escalar montanhas de coisas que deveriam ser instaladas ou utilizadas em algum tipo de instalação. No meio daquela confusão havia um único lugar vazio, o meu camarote. Mas, antes de dormir, eu precisava de uma cerveja.

Fui até o bar e encontrei o Sefo (meu amigo barman). Ele já estava fechando, mas não me negou uma gelada e me pôs a par de alguns acontecimentos medonhos que haviam ocorrido durante minha ausência.

Patrick, um *sommelier* francês que viajava com a mulher e as três filhas, acabou deixando a marina antes do término da temporada de furacões e deu de cara com o furacão Mike, que devastara Fiji alguns meses antes. Acabou naufragando seu catamarã num conjunto de ilhas a pouco mais de 50 milhas dali. Todos ficaram bem, mas o barco foi para o fundo, e levou vários dias para ser resgatado com o auxílio de boias de flutuação. Durante a tempestade, a tripulação se escondeu dentro de uma caverna enquanto via o seu barco afundar e os coqueiros voarem.

Paul, que viajava apenas com o cachorro, não teve tanta sorte: encontraram o barco dele navegando no leme de vento com o cachorro já desidratado. Ele sofreu o pior dos pesadelos de qualquer marinheiro, que é cair do barco. A maioria dos barcos não precisa de nenhum tripulante a bordo para continuar no mesmo rumo e na mesma velocidade. Quando se cai na água, o barco se afasta rapidamente, deixando o descuidado tripulante à deriva no meio do mar e sem poder pedir auxílio.

Tanto Patrick quanto Paul foram companheiros de bar logo que cheguei a Fiji e, depois que retornei, as notícias sobre eles me abalaram bastante.

Uma semana depois da minha chegada, o Bravo já estava na água, para minha alegria. Os barcos, definitivamente, não foram feitos para ficar no seco, já que um veleiro vivendo sobre estacas é como uma casa sobre palafitas, sem água e sem banheiro. Tão logo fomos para a água, a temperatura dentro do barco caiu três graus, deixando o ambiente bem mais agradável. A sujeira ainda estava lá, mas não adiantava limpar o veleiro; apesar dos progressos feitos durante a semana, havia muito trabalho pela frente. Toda a fiação foi verificada, os terminais elétricos trocados e as baterias substituídas. Tinha energia a bordo. Enchi os tanques de água. Havia água também no banheiro.

Pisos no lugar e equipamentos instalados, as caixas iam desaparecendo e deixando o caminho livre para o aspirador de pó, a vassoura e um pano úmido no interior. Era hora de desfazer as malas e guardar a roupa na gaveta, após três semanas acampado no meio da sujeira.

Hoje, posso afirmar com todas as letras: não conheço as praias paradisíacas de Fiji. Isso porque trabalhei feito um condenado durante os dois últimos meses de manutenção. A rotina não variava muito. Começava ao redor das 7 horas, com a decisão do prato de café da manhã. Opção número 1: dois ovos fritos com pão e leite no barco; Opção número 2: dois rotis de carne moída com batata ou atum com batata, e mais um café com leite, no café da marina, por FJD$ 5,50 (dólares de Fiji, o equivalente a pouco menos de R$ 8,20).

Depois do café, passava o dia ajudando algum técnico que porventura estivesse trabalhando no Bravo. Ou então em algum outro serviço relacionado à manutenção, limpeza, organização ou administração. Parava uma hora para almoçar e mais um dilema. Opção número 1: macarrão ou batata com ovo no barco; Opção número 2: peixe e batata frita ou X-burguer com batata frita pelo equivalente a R$ 15,00, no bar da marina.

Às 17 horas, quando já não era mais possível aguentar o meu cheiro de suor, fechava a "lojinha" e ia tomar um banho antes de seguir para o bar, onde encontrava o Sefo servindo uma cerveja para Gery ou Tonni, duas ótimas figuras. Tonni consertava refrigeradores na Austrália, comprou um barco e vivia havia mais de 20 anos a bordo, perambulando entre as ilhas do Pacífico, de Samoa a Papua Nova Guiné. Já Gery nasceu na Nova Zelândia, era mecânico e vivia havia mais de 30 anos no seu veleiro de aço de 36 pés, o Hart-Beat. Tanto Tonni quanto Gery tinham mais de 60 anos e namoradas nativas com mais ou menos 30.

Existem inúmeras figuras como eles. Esse tipo de viajante fica por muito tempo no mesmo lugar (normalmente mais de cinco anos). Na turma do bar, ainda havia um casal que navegava com os filhos e resolveu ficar por mais algum tempo em Fiji, para que as crianças pudessem frequentar alguma escola. Por fim, havia outros navegadores, que assim como eu estavam de passagem pela marina, efetuando algum trabalho de manutenção. Assim que o Bravo ficou pronto, convidei o Michael e a esposa para jantarem a bordo. Eles moravam num pequeno barco de fibra e estavam perambulando pelo Pacífico havia alguns anos. Eu nem contava mais a história do encontro com o helicóptero durante a travessia do Pacífico, com medo de as pessoas me acharem louco, mas o assunto acabou surgindo e o Michael finalmente me ajudou a desvendar o mistério. Originário da Nova Zelândia, ele havia trabalhado num barco de pesca de atum e me contou que algumas dessas grandes embarcações são equipadas com um helicóptero para ajudá-las a localizar cardumes. E que o piloto provavelmente estava tirando uma da minha cara e se distraindo um pouco.

Passei um dia inteiro limpando e polindo todas as peças de aço inox. Lavei o convés e depois passei um gel ácido para clarear a fibra. O trabalho é duro, mas valeu muito a pena, pois o Bravo renasceu diante dos meus olhos. Incrível, melhor do que antes.

Ainda havia vários *rounds* pela frente, mas eu estava ganhando na contagem dos pontos. Dali em diante a luta seria árdua. Já imaginava que o Índico não seria uma parada fácil, mas o que veio a seguir superaria em muito as minhas piores expectativas.

Agora, seria preciso manter a guarda alta para não levar um *knockout* como o de Patrick ou, pior ainda, como o de Paul. Cuidado, precaução e conservadorismo tinham entrado definitivamente no meu vocabulário náutico.

Lenda marítima

O bar está cheio e a bandeira do Bravo está pendurada numa das vigas do teto, junto com outras bandeiras surradas que, assim como a minha, foram doadas ao bar. Nesse dia, Tonni contou uma estranha história de um amigo que vivia em Port Moresby (Papua-Nova Guiné) e que estava levando o barco pelo Estreito de Torres, uma passagem náutica entre a península de York, localizada no extremo norte da Austrália, e a Papua-Nova Guiné, que eu teria de atravessar no mês seguinte.

Dizia a lenda – ou melhor, o Tonni – que o cara se atrasou vários dias, pois pegara um tempo horrível que danificou seu barco. Depois de alguns dias de tempestade, os amigos dele ficaram preocupados. Já a namorada, não estava nem aí. Ela era uma feiticeira da Papua-Nova Guiné e disse para Tonni não se preocupar, pois havia mandado um pássaro verificar, e ele tinha confirmado que estava tudo bem.

Segundo o relato, assim que chegara a Darwin, no norte da Austrália, nosso herói ligara para Tonni e contara que de fato havia enfrentado uma tempestade. Ao ser interrogado se tinha visto algum pássaro durante a tormenta, ele confirmou dizendo que não somente viu como alimentou um pássaro que passou a noite a bordo. Dizem que a feiticeira corre solta na Papua-Nova Guiné. Obviamente, ninguém acreditou numa única palavra do Tonni, e ele foi obrigado a pagar uma rodada para todo mundo.

Brindamos à despedida do Bravo, pois no dia seguinte eu seguiria para Musket Cove, na Ilha Malolo, que fica a seis horas de navegação da marina. O principal objetivo, além de relaxar um pouco, era testar todos os equipamentos e sistemas antes de me afastar de Fiji. Em Musket Cove, tive tempo de testar velas, calibrar os instrumentos de navegação e relaxar por dois dias em companhia de Philip e Fai, um casal de 30 anos que conheci na marina.

Eles foram contratados pelo dono do barco como únicos tripulantes de um veleiro clássico de 65 pés, por sinal muito bonito. O dono quase nunca estava e eles viviam no barco, sozinhos, viajando de uma ilha para a outra e administrando sua manutenção e limpeza. E ainda ganhavam em torno de 3 mil euros cada um, sem nenhum gasto, pois todos os custos, inclusive comida, eram pagos pelo proprietário. Já perguntei, mas não estavam contratando...

Volto para a marina de Vuda Point, onde o Bravo estava parado desde outubro do ano anterior. Alguns dias depois de ter retomado a rotina a bordo, liguei para Steel, um amigo que conheci nas ilhas Galápagos e que morava em Fiji. Ele foi me buscar num pequeno barco a motor. A ideia era seguir de barco até Nadi, cidade próxima de Vuda. Passamos em frente ao local do acidente, e confesso que me deu arrepios.

Alguns segundos depois de passar por ali, não é que o Steel enfiou o barco num recife?! Inacreditável! Por sorte não foi nada grave, pois estávamos bem devagar e o barco era pequeno e leve. "Bem feito, quem mandou não acreditar em bruxas?", disse Tonni naquela noite.

Travessia insegura

Finalmente, estava tudo pronto. Fiz as compras, dei saída no porto e cumpri com os trâmites migratórios. No dia seguinte, bem cedo, saí de Vuda rumo a Vanuatu, na Melanésia, com meus amigos italianos Massimo e Fabio tocando a corneta em sinal de despedida – como sempre faziam quando um barco amigo deixava o lugar para não mais voltar.

O Bravo atravessou o canal e se dirigiu novamente para mar aberto. Durante o primeiro dia, avancei contra o vento e um mar com ondas de até quatro metros batendo no costado, tornando a navegação bastante desconfortável. Estava inseguro com o Bravo depois do naufrágio e dos reparos. Qualquer barulho me deixava de orelha em pé. Ainda por cima, fiquei mareado no primeiro dia, mas no segundo já estava novamente acostumado ao balanço do mar.

Continuei com problemas para carregar as baterias utilizando o motor, mas por sorte o sol e o vento as mantiveram carregadas. Antes da chegada, pesquei meu primeiro peixe, um dourado de quase um metro.

Depois de três dias e meio cheguei a Port Vila, em Vanuatu. Já passava da meia-noite e novamente me encontrei frente a frente com uma passagem entre recifes, que deveria me levar para dentro do porto. Estava quase desistindo e voltando para mar aberto para esperar o sol nascer, pois Fiji me ensinou a não confiar nos instrumentos de navegação na hora de fazer uma aterragem. Entretanto, quando vi as luzes de sinalização da entrada do canal, aceitei o risco e, com o coração na boca, entrei no porto sem maiores inconvenientes.

Port Vila é fantástico. O povo é malaio e meus primeiros dois amigos foram o eletricista Rod, gigante australiano de quase dois metros de altura e praticamente cego, e o taxista Michael, pigmeu de um metro e pouco de altura, que ficou tão feliz em conhecer o Bravo que não me cobrava as corridas. Subi no carro, e o motorista pigmeu me levou para comprar algumas peças que eu precisava repor no barco. Ao chegar à loja, o vendedor (que devia ser australiano) me viu ao lado do Michael e brincou: "Seu guarda-costas?". O pigmeu respondeu de forma brilhante: "If you touch him, I eat you!". Algo como "Se você o tocar, eu te devoro!".

Na realidade, a população daquela região era canibal até pouco tempo atrás; portanto, a piada do meu amigo tinha um fundo de verdade. Um dos casos mais famosos aconteceu em 1839, quando um missionário de nome John Williams foi morto e devorado em represália à morte de alguns indígenas pelas mãos de comerciantes brancos.

Após aderir ao catolicismo, a tribo passou a acreditar que estava amaldiçoada por ter devorado um servo de Deus. No ano em que estive em Vanuatu, o governo pediu aos descendentes da vítima que participassem de um ritual de conciliação. A cena do crime foi representada por integrantes da tribo, que depois fizeram fila para cumprimentar e pedir perdão aos familiares do missionário morto.

Durante o ritual, a família foi presenteada com uma jovem de 7 anos para substituir a vida que lhes foi roubada. Obviamente, a família inglesa não levou a jovem para a Europa, mas financiou seus estudos. O local em que o ataque aconteceu foi rebatizado e hoje se chama Bahia Williams.

Em Vanuatu, receberia a visita de meu amigo Carlos Delgado, que trabalhou comigo no banco e que criou coragem para me acompanhar até Papua-Nova Guiné. Ele vinha do Brasil e fez escala em Londres, Dubai e Xangai. Eu estava em um lugar remoto, e chegar até lá de avião era complicado. Antes de rumar para nosso destino, fomos parando em outras ilhas. Vimos um vulcão ativo – com a lava sendo lançada à noite, uma imagem impressionante – e bebemos cava, chá feito com uma raiz, uma das tradições mais comuns entre os habitantes das ilhas do Pacífico.

Seguimos viagem em direção a Papua-Nova Guiné. Antes de partir, navegamos por entre as ilhas de Espiritu Santo e Pentecoste, onde foi inventado o *bungee-jump*. Reza a lenda que um marido traído correu atrás do amante da mulher, que astutamente subiu numa árvore amarrando um cipó nos tornozelos. O marido foi atrás quando o "Ricardão" saltou do alto da copa. O "corno" morreu na queda e o jovem ficou com a princesa. Antes de partir, ainda abastecemos o Bravo com algumas frutas, visitamos uma escola local onde, com a ajuda de um mapa-múndi, contei para as crianças sobre o meu trajeto até ali.

CAPÍTULO 15
As portas do Oceano Índico

À medida que nos aproximávamos de Papua-Nova Guiné, as tripulações que encontrávamos pelo caminho sempre nos alertavam de que aquele era um país muito perigoso, uma sociedade tribal em permanente conflito. Ocupando metade de uma ilha que fica acima da Austrália, e cuja outra metade corresponde à Indonésia, Papua-Nova Guiné tem mais de 800 etnias e línguas diferentes, o que explica os conflitos.

Ao chegarmos à capital, Port Moresby, portanto, saímos do clube náutico um pouco obcecados pela segurança e, logo que pisamos na calçada, demos de cara com um asfalto manchado de vermelho-sangue. Afastando o olhar, percebemos que as manchas se espalhavam até onde a vista alcançava. Delgado olhou para mim com os olhos esbugalhados e exclamou, com seu sotaque carioca: "É uma guerra civil, meu irmão!".

Desistimos do passeio e retornamos imediatamente para o clube. Fomos falar com o segurança para entender o que estava acontecendo. Para nosso alívio, ele explicou que aquelas manchas eram cuspes de *buai*, ou *betel nut*, um fruto que a população do país adora mascar junto com *musquit* (uma planta da família da pimenta) e lime (um coral moído). É um verdadeiro vício local, que justifica o fato de seus habitantes terem poucos dentes – e os que sobram ficarem podres e pretos. Provei o *buai* e achei horrível. Parecia banana verde, que "amarra" a boca.

Dois dias depois de chegarmos, despedi-me de Delgado – que, anos mais tarde, deixaria seu emprego e sairia de moto pelo mundo. Em seguida, fui de avião para Madang, cidade ao norte da ilha, à qual o acesso por terra é impossível e a viagem de barco, longa demais.

Madang é conhecida como a cidade do *buai*. No primeiro dia, saí para caminhar e acabei pegando uma carona até um dos mercados em que a tal goma de mascar melanésia é comercializada. Ao chegar, virei a atração local; uma multidão começou a me seguir e me olhar o tempo todo, já que a população tem pouco contato com estrangeiros.

Fiquei amigo de Agustin, um nativo que planta e comercializa *buai* em Madang, que me convidou para conhecer a sua aldeia. Pegamos mais uma condução e andamos por quase uma hora pela mata. No caminho, paramos em uma escola onde as crianças brincavam em uma clareira que servia de pátio. A brincadeira se assemelhava à nossa queimada, só que, em vez de bola, jogavam pedras. Apesar da incivilidade do jogo, eles eram poliglotas, como a maioria da população local, pois em sala de aula as lições são em inglês.

Antes de chegar à aldeia de Agustin, paramos em um vilarejo onde morava um amigo do meu guia. A casa ficava sobre palafitas e tinha as paredes feitas de palha trançada. Na parte de baixo, um espaço de convivência em que os moradores e os convidados podiam comer e conversar enquanto mastigavam um pouco de *buai*. O dono da casa me apresentou a sua mulher e com orgulho me contou que ela havia lhe custado um belo casal de porcos. A mulher não parecia ligar muito para o fato e me levou para conhecer o chiqueiro, onde, depois de muita explicação, entendi como eram fantásticos aqueles espécimes de suínos criados por seu marido. Nos locais mais remotos da Papua-Nova Guiné, podem-se distinguir os pobres dos ricos pela quantidade de porcos que criam nos chiqueiros.

Na aldeia de Agustin, as casas feitas de folha de coqueiro também ficavam sobre palafitas, para evitar as visitas de cobras e outros animais selvagens, além dos insetos que habitam a floresta. As crianças brincavam pela aldeia o dia inteiro. Os bebês ficavam pendurados em redes, e os adultos mascavam *buai* e cuspiam "sangue" o tempo todo. Aquela breve experiência me deu uma amostra dos hábitos de um povo tão diferente dos outros que conhecia, tanto nos costumes como nos traços físicos.

Conheci o pai, a mãe, tios, irmãos e toda a família do Agustin. Uma das sobrinhas do meu amigo abriu o berreiro de medo ao me ver. Era o seu primeiro contato com um homem branco. O chefe da aldeia, pai adotivo de Agustin, me convidou para almoçar com eles. Não pude recusar. Então, a mãe do meu guia, com seios nus que chegavam à altura da cintura, preparou a comida: folhas misturadas com arroz e leite de coco. Apesar da aparência esquisita, comi o que me foi oferecido. Não foi a melhor refeição da minha vida, mas pelo menos não tinha morcegos no cardápio do dia. Os *flying fox* (morcegos gigantes) são uma das iguarias apreciadas pela população da Papua-Nova Guiné.

No dia seguinte conheci a Nancy, uma antropóloga americana que tinha oito filhos (todos adotivos). Ela vivia com o marido, um nativo das Ilhas Salomão, na Melanésia. Nancy me convidou para um jantar em sua casa em que estavam reunidos quase todos os brancos da cidade (aproximadamente oito pessoas). Ela nos contou um pouco das tradições e, principalmente, dos problemas do povo de Madang e da Papua-Nova Guiné como um todo. A corrupção é uma séria questão no país, que se tornou independente da Austrália em 1975, depois de ter seu território dividido entre Alemanha, Holanda e Inglaterra durante boa parte do século 20. Hoje, vive o eterno conflito entre progresso *versus* meio ambiente e tradições culturais, o que dificulta sua integração com o resto do mundo.

Fiquei quase dez dias em Papua-Nova Guiné, mas não vi nem um décimo do país, nem a violência que tanto temia e que tanto havia sido anunciada. Foi, sem dúvida, um dos pontos altos da viagem; uma cultura totalmente diferente e muito pouco visitada pelo turista convencional. Com o crescimento do turismo em nível global, são poucos lugares no mundo que ainda oferecem esse tipo de experiência. Dali eu iria para Darwin, localizada ao norte do território australiano, a aproximadamente 1.200 milhas náuticas de Port Moresby. A viagem estava prevista para durar em torno de dez dias, e eu seguiria sozinho. Carlos Delgado foi meu último tripulante; daquele ponto em diante seríamos só o Bravo e eu atravessando os oceanos Índico e Atlântico, antes de voltar para casa.

Ao encontro de Darwin – e do medo

O Estreito de Torres separa a Papua-Nova Guiné da Austrália. Em tempos pré-históricos, essa faixa de mar não existia, e os habitantes da região percorriam esses territórios por terra. Existem teorias de que as populações originais da Papua-Nova Guiné e da Austrália eram a mesma. Depois, com a separação geológica, teriam evoluído de forma diferente, o que explica as distinções étnicas entre o povo da Melanésia e os aborígenes australianos.

Saí às pressas do Royal Yacht Club de Port Moresby. Queria retomar a viagem, ganhar o mar e rumar para o oeste. Estava na metade da viagem e desejava seguir o caminho de casa, pois sofria com a saudade das meninas e da Carol. Quanto antes saísse de Moresby, melhor. Começaria assim uma série de trapalhadas, desde o momento em que soltei o barco da poita.

O vento soprava forte dentro da piscina em que ficavam apoitados os veleiros visitantes, e atrás de mim havia um muro de contenção que fechava a área, evitando que as ondas do mar invadissem o ancoradouro. Soltei as amarras e avancei, mas, acidentalmente, acabei "atropelando" o cabo da poita. A hélice enroscou e o motor apagou. O barco ficou à deriva, preso apenas pela hélice enroscada no cabo.

O problema era sério, pois, ao liberar o barco, o vento iria arrastá-lo contra o muro. A manobra tinha que ser rápida e, sem muito tempo para pensar, mergulhei. Num único fôlego, desatei o nó e voltei à superfície, já próximo da escada de acesso ao embarque. Liguei o motor e consegui me safar da colisão por um triz.

Meus problemas estavam apenas começando. Na pressa de partir, acabei não traçando a rota para Darwin. Acreditei que conseguiria fazer esse trabalho quando estivesse em alto-mar. Na teoria fazia sentido, já que eu teria muito tempo para traçar a rota assim que saísse do porto.

Na prática, as consequências da decisão seriam desastrosas.

O vento estava roncando forte naquela tarde e, assim que coloquei a proa para fora da proteção da baía, o mar mostrou que também não estava para brincadeira. Ondas grandes, de mais de três metros, batiam no costado do Bravo, que balançava sem parar de um lado para o outro. Parecia um boneco "joão bobo". Era impossível ficar de pé sem segurar em algum lugar, pois os movimentos eram muito violentos. Dentro da cabine a situação era pior, já que na pressa deixei muitos objetos fora do lugar. Livros, talheres, panelas e roupas, literalmente, voavam de um lado para o outro.

Desci às pressas para arrumar tudo e fechar o barco, pois, se deixasse a cabine aberta, o "spray" das ondas molharia tudo. Aquele movimento, somado ao fato de ter passado quase duas semanas ancorado dentro da baía protegida do clube, me deixou enjoado. Tinha me desacostumado do balanço do barco. Saí, tomei um pouco de ar e voltei para tentar arrumar as coisas e traçar minha rota. Consegui colocar tudo no seu devido lugar, mas não tive estômago para ficar dentro da cabine e traçar o rumo.

Caiu a noite e nada do tempo melhorar. O vento e o mar foram impiedosos com o Bravo e comigo. No dia seguinte, o mesmo cenário, só que com um agravante: já não havia muito tempo para traçar a rota para Darwin. Naquela noite eu me aproximaria do Estreito de Torres. Para passar por ali, precisaria ter uma rota definida e muito bem estudada. Qualquer erro de navegação naquela região significava enfiar o barco nos recifes (de novo). O trabalho não era nada fácil, pois, à medida que ia aumentando o zoom do mapa, apareciam recifes que, numa visão mais macro, eram imperceptíveis. Já era noite quando finalmente consegui traçar uma rota aceitável, ainda que cheia de zigue-zagues.

O trânsito de navios era intenso. Havia sempre pelo menos dois no meu radar, e eu não conseguia pregar o olho por mais de 20 minutos. Foi então que percebi que a rota que os navios estavam fazendo era diferente da que eu havia traçado. Algo me dizia que minha rota tinha muitas "quebradas" e deveria haver um caminho mais direto, uma "avenida" segura que me levasse para o Estreito sem ter que ficar desviando de recifes e bancos de areia no meio da noite. O vento continuava soprando a 30 nós, e as ondas haviam ficado ainda mais implacáveis. O mar se tornava mais raso à medida que me aproximava do Estreito.

Finalmente, tomei coragem e peguei um livro em que estão descritas rotas do mundo inteiro. Depois de algumas golfadas, melhorei bastante a minha rota; encontrei a passagem pelo "North East Channel". Trata-se de uma avenida sobre a água cuja entrada se chama Bligh – em homenagem ao capitão do Bounty, que no século 18 foi abandonado por sua tripulação amotinada, ficando à deriva num pequeno bote no meio do Oceano Pacífico.

William Bligh fazia parte da Companhia das Índias Ocidentais. Em 1787 ele partiu a bordo do navio H.M.S. Bounty rumo ao Taiti, aonde chegou onze meses depois. No entanto, em 29 de abril de 1789, pouco depois de deixar o local, sua tripulação se amotinou e abandonou seu capitão e mais 18 tripulantes leais a ele num pequeno barco de cerca de sete metros de comprimento. Usando suas habilidades, Bligh conseguiu chegar ao Timor em seis semanas, atravessando 5.822 km. Foi inocentado pela Justiça da Inglaterra pela perda de seu navio, mas acredita-se que a tirania do capitão foi a causa da rebelião.

Passei a noite em vigília, pois o trânsito era muito intenso. No dia seguinte, atravessei o Estreito pelo Prince of Wales Channel, que me levou do Oceano Pacífico ao Mar de Arafura, entre a costa norte da Austrália e a Indonésia.

Mais um dia de navegação e o vento continuava forte (aliás, não parou de ventar um minuto desde que saíra de Port Moresby). As ondas ainda eram grandes, mas agora vinham pela popa, e o movimento do barco era bem mais confortável, apesar de continuar mexendo bastante. Tanto que não tentei pescar, pois não queria nem pensar em limpar peixe naquelas condições.

Às 10h15 da manhã, acordei antes de o despertador tocar, pois percebi que a retranca estava batendo demais e acabaria arrebentando algo se não fosse amarrada. O vento continuava soprando muito forte, chovia e o mar de popa tinha ondas de mais de cinco metros. Vesti minha roupa de tempo ruim (macacão, jaqueta e botas) e fui para a proa.

O maior de todos os sustos

O Bravo velejava a 8 nós de velocidade com a vela grande na segunda forra de rizo, e a genoa com apenas 50% de sua área vélica. Eu já estava fora do cockpit quando me dei conta de que não usava cinto de segurança. Precisava passar um cabo pela retranca, que estava parcialmente aberta sobre o mar. Para isso, bastava me esticar um pouco, segurar na própria retranca com uma mão e passar o cabo com a outra. Bem simples. Mas, sem que eu percebesse, em questão de segundos, uma onda maior do que as outras bateu no costado do Bravo, do lado oposto de onde eu estava, fazendo com que o barco adernasse tanto que a borda ficou inteiramente dentro da água, arrastando os meus pés para fora do veleiro. Gelei de pavor.

Eu me segurava apenas com uma mão, pois na outra tinha o cabo que deveria amarrar a retranca[28]. A água chegou no joelho, e me abracei tão forte contra a retranca que acabei machucando a orelha. Durante alguns segundos, que pareceram uma eternidade, fiquei agarrado àquela peça de alumínio com o mar correndo rápido a poucos metros da minha cara. Eu olhava o mar como quem olha a morte passando diante dos olhos.

Foi pavoroso, muito pior do que ter batido no recife em Fiji. Muito mais grave do que qualquer tempestade que havia enfrentado até ali. Foi o único momento em que realmente corri um sério risco de morte. Quando o barco voltou ao normal, me obriguei a terminar o trabalho antes de voltar para a segurança do cockpit e para dentro da cabine.

Acabava de passar pelo momento de maior medo, não apenas da viagem, mas de minha vida. Minhas mãos tremiam tanto que tive dificuldade de abrir o zíper da jaqueta. Desatei a chorar. Fiquei transtornado. Falei para mim mesmo: "Você é um imbecil, um idiota, o que está fazendo com a sua vida? Com a sua família? Com as suas filhas?!". Fiz uma autocrítica feroz, porém justa. Relembrei em uma sequência mental os acidentes sucessivos a que me havia exposto: a lua de mel com Carol, que quase se transformou em "lua de fel"; o naufrágio do Bravo em Fiji; o risco pelo qual acabara de passar. Tudo isso me fez amadurecer, avaliar melhor as atitudes inconsequentes e tomadas de decisões que poderiam não apenas colocar minha vida e de pessoas queridas em perigo, mas também deixar um rastro de tristeza e luto caso não tivesse contado com a sorte de sair ileso. Isso sem falar que, pela minha impaciência, havia quebrado uma das regras básicas da navegação ao não traçar a minha rota antes de soltar as amarras em Port Moresby, colocando novamente em risco a minha embarcação.

No barco há uma "linha de vida" à qual o tripulante deveria estar sempre preso. Mas, obviamente, eu não estava, porque fui ganhando confiança à medida que navegava. Comecei a me comportar como se não precisasse dessas medidas de segurança – e é justamente aí que dá tudo errado!

No sexto dia no mar, já estava próximo de Darwin. Pelas minhas estimativas, deveria chegar ao destino na manhã seguinte. Ainda

---

28 Retranca é a verga de madeira ou metal na qual está presa a parte inferior da vela mestra.

estava longe da costa quando um avião passou voando bem baixo e me chamou pelo rádio. Era o pessoal da aduana querendo confirmar dados da embarcação e do trajeto, além de me informar sobre restrições a algumas plantas e animais e outras questões sanitárias antes do meu desembarque no território australiano.

Naquela noite, o vento soprava contra e voltou a apertar, soprando acima de 30 nós. A corrente corria em direção oposta, fazendo com que as ondas crescessem bastante, dificultando muito o meu avanço. Conclusão: em vez de chegar de manhã, cheguei à noite. Eu estava destruído, e o Bravo, todo molhado e bagunçado. Só tive forças para fazer um miojo e dormir até o dia seguinte. Aquela travessia havia acabado de ganhar o posto de pior da minha vida. Pena que em breve perderia a posição.

Darwin e Cocos Keeling

Depois de merecida noite de descanso, fui instruído pela autoridade portuária a encostar o veleiro no píer principal de Darwin. Um grupo formado por oficiais e um cachorro labrador estavam me aguardando.

Enquanto eu preenchia a papelada para dar entrada no país, um dos oficiais entrou na cabine junto com o cachorro farejador, provavelmente à procura de drogas, armas, plantas e animais. Terminada a burocracia, o pessoal foi embora e eu entrei na cabine. Arrumar a bagunça foi fácil, o chato foi ter que limpar o xixi do cachorro no meu sofá.

Minha estadia em Darwin foi muito mais longa do que o previsto. Quando cheguei, precisei tirar o barco da água de novo, pois o leme começou a "delaminar" – apresentou uma rachadura que só detectei em Vanuatu. Só poderia consertá-lo com o barco fora da água, mas em Vanuatu e Papua-Nova Guiné não havia infraestrutura e mão de obra necessárias para efetuar o reparo. Darwin era o local perfeito para fazer o serviço. Então, na Austrália, tive de retirar o leme do veleiro, o que é complicadíssimo. Além de alto e pesado, o leme tem uma série de buchas de teflon que o mantêm bem apertado em sua base, no casco.

Pretendia sair de Darwin em meados de julho, mas o fim do mês se aproximava e eu continuava trabalhando no barco. Após o reparo no leme, o Bravo voltara para a água no dia 18. Mas, na navegação de volta da marina para a ancoragem, começaram outros problemas. Primeiro, foi o sistema de navegação; depois, foi a vez do alternador; em seguida, um "guarda-mancebos" (aquela estrutura tubular que guarnece a lateral do convés); e, já que estava nessa toada, aproveitei para substituir uma entrada de ar. Não conseguia vencer a lista de afazeres, que não parava de crescer. Mas precisava aproveitar e pôr tudo em dia, pois dali para a frente não teria nenhuma escala com possibilidades de manutenção até chegar ao continente africano. Ou seja, o Bravo tinha de estar 100% antes da partida.

A escala seguinte seria nas Ilhas Cocos Keeling, uma navegação longa, prevista para durar 14 dias. Enquanto aguardava a chegada do *chart plotter*, aproveitei para conhecer Kakadu, uma grande extensão de terras que o governo australiano reconheceu como reserva dos aborígenes.

Kakadu é um parque onde se podem fazer caminhadas, conhecer cachoeiras e grandes cânions. A vida selvagem é fantástica. Os crocodilos de água salgada chegam a medir seis metros e comem qualquer coisa, inclusive outros crocodilos. São muito agressivos, rápidos e perigosos. Após a proibição da caça desses canibais gigantes, sua população cresceu muito e, por isso, as restrições do parque são muito severas. Só se pode acampar em áreas determinadas, e as beiradas dos rios que cortam o parque devem ser evitadas. Além dos crocodilos, o parque é habitado por wallabies (pequenos cangurus) e vários tipos de pássaros.

Os aborígenes habitam aquelas terras há mais de 40 mil anos, e tive a impressão de que não mudaram muito desde então. Vivem da caça e da coleta de frutos, e sua cultura é transmitida oralmente de geração em geração. Eles acreditam que os cânions foram feitos por uma cobra gigante que se arrastava pelas montanhas havia muitos anos e que até hoje vive escondida nas profundezas da Terra. Nas cidades australianas, os aborígenes vivem de forma marginalizada e muitos se recusam a colocar os filhos na escola, preferindo ensinar as crianças por meio de pinturas de seus ancestrais nas paredes (algumas delas têm mais de 4 mil anos) e que narram histórias diversas, entre elas a do surgimento do crocodilo.

Segundo essa lenda, o espírito maligno de duas meninas brilhava no céu, na forma de duas estrelas que de vez em quando se transformavam em enormes crocodilos para devorar crianças. Os aborígenes ancestrais plantaram então alguns dentes de crocodilo nas beiradas dos rios e lagos e ali nasceu uma planta de folhas pontudas, típica dos pântanos que os animais habitam. A história é passada para as sucessivas gerações, de modo a alertar as crianças: sempre que elas veem essa planta, pode haver crocodilos por perto e o espírito dos animais, que vive no céu, consegue vê-las lá de cima, mesmo que as pessoas à beira do rio não as enxerguem.

Lendas à parte, já não aguentava mais aguardar os reparos do barco ficarem prontos em Darwin. Não via a hora de me lançar novamente ao mar.

Antes da partida, passei pelo catamarã que estava ancorado próximo ao Bravo e me despedi de seus tripulantes italianos, em especial do Massimo, o único que conhecia antes daquela parada. Ficamos amigos em Fiji, quando ele fazia parte da tripulação de outro veleiro.

Finalmente, o barco ficou pronto e navegava em águas abertas outra vez, com um vento de proa de 13 nós e um mar relativamente calmo. Essa situação se manteve apenas nas primeiras dez horas, depois o vento começou a minguar e o mar cresceu, atingindo o costado do Bravo, o que fazia o barco balançar desconfortavelmente.

Continuei no motor por mais dois dias e, sempre que entrava uma brisa um pouco mais forte, abria as velas e tentava velejar – mas o vento não se mantinha e, cinco minutos depois, precisava ligar o motor novamente. Até que no terceiro dia entrou um sudoeste de 9 nós que me permitiu seguir à vela de forma ininterrupta. Fazia apenas quatro nós de velocidade, mas pelo menos me livrei daquele barulho chato do motor. Se continuasse assim, a viagem seria mais longa do que o planejado. Não me importava. Afinal, depois do terceiro dia geralmente se perde a noção do tempo e passa-se a viver num outro mundo.

Felizmente, o vento começou a apertar e virou para leste, permitindo que o Bravo navegasse em média a 6,5 nós durante os sete dias seguintes. Dia sim, dia não, ligava o motor e deixava funcionar por uma hora, apenas para ajudar a carregar as baterias e poder me dar ao luxo de deixar o radar ligado à noite, permitindo que dormisse bem mais tranquilo. O barco era conduzido pelo leme de vento e variava o rumo conforme o vento rondava – mas em alto-mar o vento não muda muito de direção. Portanto, não precisei fazer muitos ajustes. E o melhor é que esse "navegador fantasma" não consome baterias como o seu primo, o piloto automático. Em Darwin, fiz algumas alterações na configuração do sistema do leme de vento, o que tornou o equipamento mais eficiente. Inclusive com mar grande e vento de popa, condição que antes desse ajuste restringia muito sua utilização.

Apesar do bom vento, tanto na intensidade quanto na direção, o mar não queria colaborar. Formavam-se ondas grandes, de quatro metros, que vinham de sudoeste e balançavam muito o barco. Até que, em uma noite mágica, o mar finalmente virou e o Bravo parou de mexer. Não havia lua, mas o céu tinha estrelas de sobra, um vento constante de 25 nós e ondas grandes de três a quatro metros, que o Bravo descia num surfe delicioso. A noite estava tão boa que não consegui dormir e bebi metade de uma garrafa de vinho assistindo àquele espetáculo. Não costumo beber durante a travessia, mas não pude evitar: depois de passar dez dias dentro de uma máquina de lavar roupa, precisava comemorar.

Assim como Galápagos, as Ilhas Cocos (ou Cocos Keeling) fizeram parte da rota do barco a vela Beagle, famoso por ter sido a embarcação em que o naturalista Charles Darwin completou sua volta ao mundo coletando espécimes e estudando fauna e flora. Ao voltar a Londres, Darwin escreveria *A Origem das Espécies*, um dos mais importantes livros da história.

Cocos é um atol que fica ao sul de Jacarta, no Oceano Índico. Faz parte do território australiano e é composto por apenas três ilhas, duas delas habitadas por apenas 600 pessoas: 400 em Home Island e 200 em West Island, onde o Bravo estava ancorado.

Ao desembarcar, tive uma surpresa. A população da ilha era formada, em sua maioria, por muçulmanos e, ao final do dia, os alto-falantes das mesquitas chamavam os fiéis para rezar, em uma cena que contrastava com aquele cenário tropical de coqueiros, areia branca e água cristalina.

O mergulho era incrível, e eu podia caçar meu almoço de máscara, nadadeira, snorkel e arpão. Vários tipos de peixes e crustáceos habitam os corais, inclusive conchas grandes de lábios coloridos, quase fluorescentes. Apanhei algumas dessas conchas para o almoço, o que me rendeu grandes talhos nas mãos.

A pesca era tão abundante que eu dividia os peixes com outras embarcações do ancoradouro. Foi assim que conheci as tripulações do Lorna, de 53 pés e bandeira sueca, e o Samasang, de 46 pés e bandeira da Nova Zelândia.

O capitão do Lorna se chamava Bo. Sueco de aproximadamente 60 anos, ex-mergulhador profissional, fazia trabalhos em águas profundas antes de se aposentar e sair para navegar o mundo com a mulher, Vivi. Bo veio a bordo para discutirmos um novo problema que eu havia detectado no leme durante a última travessia, e que estava me preocupando bastante.

A pá do leme é uma peça de mais de 100 quilos e 3 metros de comprimento, com um eixo de metal que a sustenta e permite que o leme gire para conduzir o barco. Esse eixo gira dentro de uma bucha de teflon bem ajustada e, de tanto tirar e colocar o eixo no lugar, durante os reparos que havia feito em Fiji e Darwin, a bucha acabou se desgastando e fazendo com que o eixo trabalhasse em ângulos diferentes daqueles para os quais fora projetado. Com isso, emitia um barulho cada vez mais perturbador.

Todas as peças do Bravo são robustas, aptas para suportar as forças envolvidas na condução, na mastreação e no equilíbrio do barco. Mas podem se tornar frágeis se não trabalharem na posição e no ângulo para o qual foram projetadas. Era isso que estava acontecendo com a pá do leme. Ela não estava prestes a quebrar, mas também não estava 100%, e um acidente com o leme pode ser mais danoso do que um problema com o mastro. Minhas opções eram seguir no destino da costa africana, conforme planejado, ou subir para Jacarta ou Darwin, de onde tinha saído. As duas últimas opções me tiravam completamente da rota e decidi continuar em direção à costa africana.

A pergunta era: para onde seguir? Qual era o porto mais próximo? Minha ideia, inicialmente, era ir até Chagos, um atol na parte mais ao norte do Oceano Índico. De lá seguiria para Seychelles, até chegar à costa nordeste da África. Duas razões me levaram a rever radicalmente esse plano: (1) não teria onde consertar o barco em Chagos; (2) essa rota (muito famosa no passado) me levaria muito próximo da Somália, grande centro de pirataria mundial e uma das águas mais perigosas do mundo por esse motivo.

Com a queda da ditadura do general Mohamed Siad Barre em 1991, a Somália mergulhou em um estado de permanente guerra civil. Diferentemente dos piratas do Caribe, portanto, os piratas somalis se especializaram em sequestros e trocas de reféns por prisioneiros em outros países (em sua maioria, terroristas). Como resultado, hoje em dia são poucos os veleiros que se aventuram por ali, e os navios de carga que o fazem se veem obrigados a levar armamento pesado e pessoal preparado para repelir os ataques.

A melhor alternativa seria atravessar o Índico diagonalmente, com destino à região de Maurício, república independente que compõe com

Rodrigues (que faz parte de Maurício, mas tem status de região autônoma), La Réunion (departamento francês de ultramar) e uma série de outras ilhas menores, o arquipélago das ilhas Mascareignes (em francês) ou Mascarenhas (em português). Ali, já próximo de Madagascar, poderia fazer o reparo. Navegaria muito afastado da costa e as condições do mar seriam tão duras que nenhum pirata se aventuraria naquela região do Oceano Índico, entre o norte da Austrália e a África do Sul.

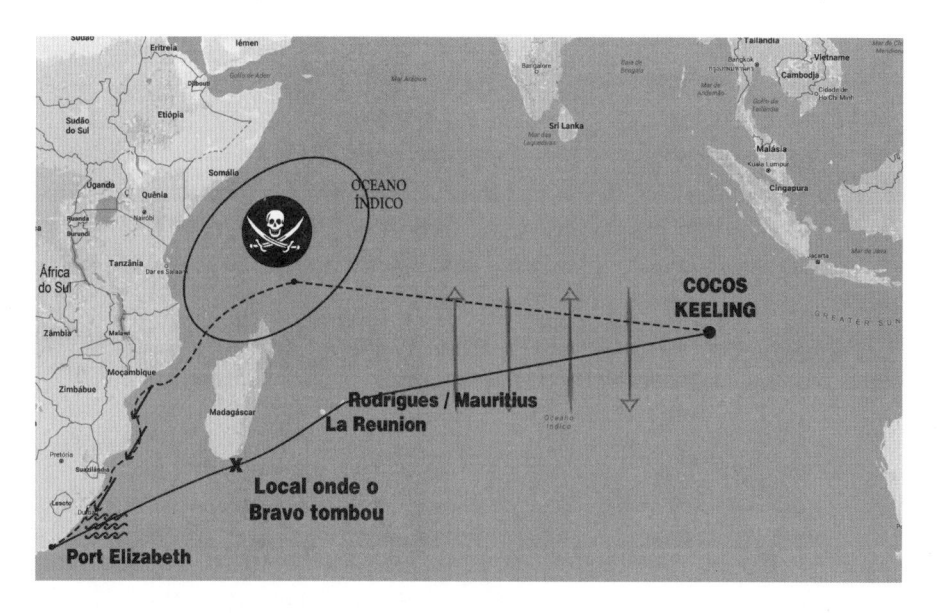

≋ Freak waves ou ondas descomunais que se formam nas proximidades da costa sudeste da África
- - Rota mais segura do ponto de vista meteorológico
— Rota mais desafiadora e perigosa devido às condições climáticas, porém mais segura por não ter piratas no caminho
↓↑ Ventos de monções – sopram do norte ou do sul
↙ Corrente das Agulhas

Seriam 2 mil milhas de travessia até Rodrigues, a apenas 300 milhas das Ilhas Maurício. Foram onze dias e meio de travessia, onze dias e meio de tempestade com ventos que chegavam a 50 nós na rajada e onze dias e meio com medo de o leme não aguentar o tranco das ondas de mais de seis metros. Os dias e as noites se alternavam, mas o barulho do leme não dava trégua. Parecia uma "cuíca" enfurecida, me lembrando a cada minuto de que havia um problema. Aprendi a rezar!

CAPÍTULO 16
De Cocos Keeling à La Réunion

Saí de Cocos Keeling na companhia do Lorna e do Samasang. Combinamos de manter contato por e-mail (via telefone satelital) durante a viagem e isso me deixou um pouco mais tranquilo, pois sabia que, em caso de emergência, teria alguém por perto para efetuar o resgate.

Deixamos Cocos com 20 nós de vento. Navegava com a genoa e com a mestra. Fazia uma boa média de velocidade e a velejada estava bem agradável, apesar do barulho do leme. Naquela mesma noite o vento começou a apertar e os 20 nós viraram 30. Era hora de diminuir o pano. Enrolei um pouco a genoa e fiz um rizo na mestra. No meio da madrugada, as rajadas já sopravam a 40 nós e tive de enrolar mais um pouco de genoa e fazer o segundo rizo na mestra.

Continuava com muito pano, e na manhã do segundo dia fiz mais um rizo na mestra (terceiro e último rizo) e enrolei mais um pouco de genoa, que agora tinha apenas 50% da sua área total exposta aos ventos fortes do Oceano Índico. Mesmo assim, em alguns momentos parecia que ainda estava com muita vela.

Na minha segunda noite no mar, estava dormindo no interior do barco quando uma onda mal-intencionada pegou o Bravo de jeito. Acordei com a água descendo as escadas, invadindo a cabine e molhando absolutamente tudo. Enquanto dormia, o mar tinha crescido demais, e o vento chegou a 45 nós na rajada e já não baixava dos 37. Era hora de tirar a mestra de vez e diminuir ainda mais a genoa.

Além disso, tive que alterar um pouco o rumo de 252 para 270 graus. O vento e o mar me obrigaram a seguir para noroeste, em vez do meu rumo desejado, que era sudoeste. Dessa forma, pegava as ondas e o vento por trás e isso diminuía bastante a pressão nas velas e no meu leme avariado. A viagem demoraria mais, porém seria mais segura.

No quarto dia de viagem, o leme de vento não aguentou e me obrigou a colocar o piloto automático para funcionar. Se o piloto quebrasse, estaria em maus lençóis, pois teria que comandar o barco manualmente, exposto ao vento e às ondas que varriam constantemente o convés, além de não poder dormir nem cozinhar. Seria uma situação especialmente desagradável, uma vez que, pelo andar da carruagem, ainda faltavam nove dias para chegar ao meu destino.

"Pai do céu, por favor, faça com que o tempo melhore e colabore para que essa merda de piloto automático não quebre! Amém."

No quinto dia, recebi uma mensagem do Pedrão sobre as condições do tempo: "O vento deve aumentar um pouco nas próximas 48 horas", ele avisou. Durante a travessia, o Pedro me ajudava a monitorar as condições meteorológicas. Eu também tinha acesso às informações via satélite, mas era bom ter alguém para conferir as informações.

No sexto dia, uma onda grande vindo em direção inesperada atingiu o barco, que navegava num forte vendaval. Adernamos muito mais do que o normal e, como resultado, a água invadiu o convés, destruindo a estrutura de madeira em que amarrava os botijões de combustível e o toldo que protege a entrada da cabine.

Devido à mudança de rumo, o TTG (Time To Go, mais conhecido como "quanto falta para chegar") não baixava das 200 horas. O barulho do leme se intensificava dia após dia, e aquilo era realmente irritante. Tentei colocar algodão no ouvido, mas não adiantou. O jeito era tentar esquecer o barulho da "cuíca" e me distrair lendo, pois não tinha para onde correr.

Deu uma saudade danada do escritório! No trabalho, pelo menos, sempre dava para sair da sala, descer do prédio, ir à padaria, tomar um café e espairecer a cabeça. Ali, no meio do oceano, não tinha o que fazer. Estava trancado num ambiente fechado, com tudo molhado ou úmido, e era obrigado a ouvir aquele barulhinho irritante 24 horas por dia – nem algodão no ouvido abafava o ruído. E, como também não conseguia ouvir música, o jeito foi me abstrair na leitura de livros: *Sol Nascente* (Michael Crichton), O *Diamante de Jerusalém* (Noah Gordon), *Os Asiáticos* (Frederic Prokosch), *Ensaio sobre a Lucidez* (José Saramago), *Daughter of Fortune* (Isabel Allende), *Cleópatra* (Henry Rider Haggard) e até *O Julgamento de Sócrates* (I.F. Stone). Essas eram as minhas opções de leitura. Mas, naquela situação, leria até bula de remédio!

No sétimo dia, São Pedro resolveu seguir o exemplo do chefe e também tirou o dia de folga. O vento deu uma trégua e pude voltar para meu rumo original. Foi uma injeção de ânimo. Mas, na hora de subir novamente a mestra, percebi que havia um rasgo na vela. Pelo menos poderia me distrair com alguma atividade diferente. Peguei linha e agulha e passei a tarde brincando de costureiro.

Vela para cima, rumo certo, 9 nós de velocidade. O Bravo voava e, a cada descida de onda, o TTG diminuía drasticamente a previsão de chegada, pois, enquanto o barco planava, a velocidade alcançava 10 nós. Faltavam dez horas para a parada seguinte.

No oitavo dia, escrevi em meu diário de bordo: "Os problemas com o leme continuam, agora é o braço do piloto automático que solta do suporte após algumas horas de uso. Hoje de madrugada tive que fixá-lo novamente, conserto definitivo só colocando grandes arruelas e *locktite* para segurar a porca (e eu não tenho *locktite*). O jeito foi tentar trocar as arruelas de pressão. Ontem pifou o inversor e agora não tenho como carregar a bateria do computador, ou seja, não posso receber nem enviar e-mails, nem ver filmes. O jeito é ler *Cleópatra*... Não vejo a hora de chegar".

No nono dia, liguei para casa e falei com a Carol. No décimo primeiro dia, o vento voltou a apertar, mas meu ânimo estava ótimo novamente, pois agora faltavam poucas milhas para a chegada e meu TTG havia subido um pouquinho, para 12 horas. Minha preocupação passou a ser o horário de chegada a Rodrigues. Não queria cometer o mesmo erro que aconteceu em Fiji: chegar à noite em um porto desconhecido.

Eu tinha duas alternativas: (1) continuar navegando com mais velas, velejando rápido e possibilitando minha chegada a Rodrigues antes do pôr do sol, mas correndo o risco de rasgar alguma vela ou quebrar algum outro equipamento; ou (2) diminuir as velas, baixar a velocidade o suficiente para chegar a Rodrigues só na manhã do dia seguinte, adicionando 12 horas nessa já longa viagem.

Acabo optando pela segunda alternativa. Eis que, enquanto baixo as velas, o mar aumenta de tamanho e muda de direção, passando a me empurrar para a frente, no rumo certo para Rodrigues – mesmo com menos velas expostas ao vento, que já soprava na casa dos 40 nós. Fui "cuspido" para dentro do porto de Rodrigues e consegui entrar ainda de dia, aos 45 do segundo tempo: eram 18 horas do dia 29 de agosto, uma tarde iluminada pelos últimos raios de sol de uma viagem duríssima e desafiadora.

Rodrigues foi uma ótima escala, em grande parte pelo fato de a viagem até lá ter sido muito dura. Ao chegar, liguei para o meu pai, que perguntou: "Que tal Rodrigues?". "Olha, pai", respondi, contando sobre as dificuldades da travessia, "eu podia estar chegando ao Afeganistão em tempos de guerra que ia achar isso aqui lindo e maravilhoso..."

Eu certamente não teria gostado tanto de Rodrigues se tivesse chegado de outra maneira. As pessoas não teriam me parecido tão amáveis e simpáticas se não tivesse lutado tanto para estar ali. A comida *créole*, à base de curry, de frango, peixes ou polvo também não teria o mesmo gosto se não estivesse tão cansado de comer batatas, cebolas, enlatados e macarrão. As oito noites que passei ancorado dentro do porto de Rodrigues, com o vento roncando lá fora, não teriam sido tão prazerosas se não fossem as onze noites anteriores nas quais tinha que dormir no meio da tempestade e com o barulho constante do leme. Um exercício de equilíbrio e abstração constante.

Quando cheguei, havia três barcos no ancoradouro: o sueco Lorna, o francês Portinus (um barco de aço de mais de 100 pés caindo aos pedaços) e o Ventana, de bandeira canadense. Mas faltava o Samasang com sua tripulação neozelandesa. Achei estranho e fiquei preocupado. Afinal, tínhamos um acordo de apoio recíproco. Mas, como eles haviam saído junto comigo e com o Lorna de Cocos Keeling, calculei que chegariam no dia seguinte. Naquela primeira noite, dentro do porto, dormi como um bebê. Quando acordei, na manhã seguinte, fui comprar uma baguete na padaria local e encontrei Bo e Vivi, do Lorna. O casal sueco me contou as novidades e explicou a ausência dos neozelandeses na marina de Rodrigues.

Quatro dias após ter deixado Cocos Keeling, o Samasang apresentou um problema no leme e seus tripulantes não tinham mais como comandar o barco. Abaixaram todas as velas, instalaram o leme de fortuna (leme de emergência), e desde então ficaram tentando voltar para Cocos Keeling, sendo que só conseguiram chegar a Rodrigues sete dias depois de mim. Ou seja, levaram 18 dias de pauleira para chegar ao mesmo ponto de partida. Sem dúvida, foi uma viagem muito pior do que a minha.

Saí da padaria e entrei em uma loja de ferragens, onde pretendia comprar alguns apetrechos para o barco. Lá, conheci Eric e Manu, um casal de franceses que vive a bordo do Portinus, um enorme veleiro negro de aço. Eric é uma figura quase tão exótica quanto seu barco, que parece uma mancha de ferrugem no meio do oceano. Fuma maconha até no café da manhã. Seus *dreadlocks* loiros, seu olhar alucinado, suas roupas encardidas e rasgadas fazem meu visual parecer o de um cadete em festa de 15 anos. Depois de conhecer Eric, fui direto para o barbeiro, cortei o cabelo e fiz a barba.

Trinta anos atrás, ele era proprietário de uma loja de antiguidades no sul da França, onde morava com a esposa (que não era a Manu) e o filho. Até que um belo dia falou para sua companheira que iria tirar o dia de folga para navegar. O passeio acabou se transformando em travessia do Atlântico, e Eric só voltou para casa dez anos depois. Comprou um veleiro maior de ferro-cimento e se mandou para o Pacífico, onde o barco afundou durante um ciclone. Voltou para a Europa e comprou a carcaça de um pesqueiro de aço em Amsterdã.

Excelente soldador, Eric trabalhou durante quatro anos transformando o pesqueiro no veleiro que hoje se chama Portinus. O motor é antigo, consome muito combustível e, como Eric não tinha um tostão furado, só navegava com a força do vento. Mas o barco era tão grande e pesado que, cada vez que entrava uma rajada de vento mais forte, o veleiro não adernava, então as velas explodiam e ele passava a travessia inteira costurando-as. Quando precisava de dinheiro, vendia a outros barcos os restos de naufrágio que ia recolhendo pelo caminho (os porões do Portinus eram abarrotados de mastros, velas e ferragens) e, como seu tanque era gigante, aproveitava para abastecer na Venezuela, onde o diesel era muito barato.

Quando conheci o Eric, ele vinha diretamente da Nova Caledônia (sudoeste de Fiji) para Rodrigues. Demorou 74 dias para fazer o percurso!

E eu reclamando dos meus 11 dias... Alguns dias depois chegaram outros três barcos, que também estavam em Cocos: um norueguês e um sueco (ambos comandados por viajantes solitários como eu) e um sul-africano com quatro tripulantes. Antes da minha partida, organizamos uma excursão com todas as tripulações, alugamos uma van e um guia nos levou para percorrer toda a ilha, que tem apenas 38 km de extensão por 8 km de largura. Curti Rodrigues demais. Fui a um show de reggae *créole*, comi cachorro-quente numa aldeia rastafári com o Eric e jantei num restaurante chique com o Bo e sua mulher.

Agora que estávamos nos aproximando da África, a conversa entre as tripulações girava em torno da travessia do canal de Moçambique, que separa Madagascar da costa leste da África. Uma travessia que tem a fama de ser a mais perigosa de qualquer volta ao mundo.

A forte corrente que desce a costa africana (chamada de corrente das Agulhas) é, em si, inofensiva, mas se torna uma ameaça quando o vento sopra de sudoeste, o que acontece ao entrar uma frente fria. Ocorre que o clima na costa sul da África é governado pelas frentes frias, que varrem a costa com ventos muito fortes a cada quatro dias em média.

Quando a frente entra, o vento costuma passar dos 50 nós, e o encontro com a corrente faz com que o mar levante, formando ondas gigantes que são conhecidas como *freak waves* ou "ondas anormais", que podem medir mais de 20 metros. A situação pode ficar tão feia que até mesmo os grandes graneleiros e outros barcos de carga evitam a região nessas condições.

O grande problema é que a travessia de La Réunion (que fica a poucas milhas de Maurício) para Durban (porto ao norte da África do Sul que estava no meu roteiro) tem mais de 1.400 milhas e pode durar mais de dez dias. Isso significa ficar exposto a pelo menos duas frentes frias no caminho. De Durban eu seguiria para Port Elizabeth. A alternativa é fazer escala em Madagascar, onde existe um porto bem ao sul chamado Fort-Dauphin. Essa escala poderia ser útil, diminuindo a viagem para Durban de 1.400 para 900 milhas. Chegando a Fort-Dauphin, eu poderia aguardar uma previsão favorável de tempo antes de cruzar a corrente das Agulhas, evitando assim estar no lugar errado, na hora errada.

A alternativa da escala em Madagascar seria óbvia, não fosse a contracorrente que sobe do sul da grande ilha africana rumo ao norte. Por causa dela, os livros recomendam manter uma distância mínima de

80 milhas náuticas da ponta sul da ilha, onde fica Fort-Dauphin (isso, claro, se esse não for o destino), como forma de evitar o risco de a corrente arrastar o barco para a costa sul de Madagascar, onde já ocorreram diversos naufrágios.

Eu vinha pensando nesse problema todos os dias, desde a chegada a Rodrigues. Antes de zarpar, fiz alguns reparos no Bravo com a ajuda de Bo e Eric, que me ofereceu seu talento de soldador e tinha todas as ferramentas necessárias para realizar o trabalho. Mas eu ainda precisava consertar a bucha que fazia a pá do leme girar e, para isso, tinha mais uma pequena travessia até Port-Louis, capital de Maurício.

Maurício e La Réunion

Deixei Rodrigues para trás junto com os últimos raios de sol de um domingo ensolarado e cheguei pouco antes do meio-dia do dia seguinte a Maurício, onde deveria novamente tirar o barco da água e ajustar a pá do leme.

Maurício é um país cosmopolita. Além de traços das colonizações francesa e inglesa, tem uma população de árabes, africanos, indianos e asiáticos – isso explica a existência de um bairro chinês em Port-Louis. Apesar de ser uma ilha perdida no meio do mar, Maurício é um caldeirão cultural muito interessante.

O que mais me impressionou foram os enormes navios de pesca (toda a indústria de pesca do Oceano Índico se concentra ali) e suas tripulações de filipinos amontoados no convés como ratos. Esses tripulantes ficam meses pescando e, ao chegar num porto, precisam se revezar para descer, pois parte da tripulação tem de permanecer a bordo. São 60, 100, 120 marinheiros por barco, que chegam a passar 80 dias embarcados nas centenas de barcos de pesca ancorados na enseada. Quando têm dois dias de descanso em terra, muitas vezes enlouquecem. Esse tipo de barco tem um ambiente repressivo, em que o capitão é a lei, comanda tudo e todos. Então, na hora que chegam a algum porto, eles perdem o controle. Para um cara desses puxar uma faca em uma discussão são dois palitos. Ele não pensa duas vezes, pois leva uma vida miserável e não tem muito a perder.

O estaleiro onde era feito o reparo do leme pela terceira vez estava lotado de barcos de pesca. São barcos tão grandes que não podem ser removidos por guindaste, como acontece com o Bravo. Para tirar essas embarcações da água, são utilizados os diques secos. O sistema é similar ao utilizado no Canal do Panamá. Os barcos entram numa eclusa, cujas comportas se fecham atrás do navio. A água é bombeada de dentro da eclusa para o mar, o nível da água vai descendo e o barco é escorado com grandes vigas e cabos.

Dentro do estaleiro, eu tinha tudo de que precisava para fazer um conserto definitivo no leme, que desde então não me deu mais problemas. Terminados os trabalhos, voltei para o atracadouro de Port-Louis, onde estavam amarrados os outros veleiros. Alguns deles eram velhos conhecidos, como o Lorna e o Las Ventanas. Fiz uma grande amizade com os dois tripulantes de um pequeno barco verde de bandeira sul-africana. John e sua mulher, Leasly, deviam ter cerca de 70 anos e viviam embarcados havia muito tempo. O barco deles não tinha mais do que 34 pés e não possuía geladeira. Durante as travessias, eles não utilizavam o motor para nada, mesmo que isso significasse ficar dias boiando no mesmo lugar e tomando cerveja quente.

A vida no píer de Port-Louis era animada, pois a piscina onde ficavam os barcos estava localizada num importante centro turístico e comercial da região. Era praticamente um shopping a céu aberto, com lojas e praça de alimentação. Fui a apenas uma praia, lotada e não muito bonita. Preferia ficar no centro, passeando pelas ruas e pelos mercados, que são impressionantes. A população da ilha era muito diversificada e os mercados refletiam essa variedade cultural. As bancas de frutas eram organizadas com cuidado, formando uma linda fotografia, pois se misturavam com lojas que vendiam tapetes e com barracas dos mais diferentes tipos de comida. No açougue, cabeças de bode ficavam expostas, com o sangue ainda pingando e as moscas, indecisas, sem saber se ficavam ali ou na peixaria ao lado.

De lá, rumei para a La Réunion, território francês muito mais perto de Madagascar do que da França. A passagem foi moleza, nem parecia o "encapetado" Oceano Índico que havia encontrado desde que entrara em suas águas pelo Estreito de Torres. Foram 20 horas de um passeio esplêndido entre Maurício e La Réunion.

Minha primeira escala foi em Le Port, que não tem muito a oferecer além de um lugar abrigado das ondas e do mar. Dependendo da altura da maré, era preciso escalar uma parede para chegar ao píer. A cidade era distante e não havia muita atividade por perto. Fiquei alguns dias em Le Port, aguardando a regata que aconteceria naquele fim de semana.

O Bravo não estava em condições de correr uma regata. Se quisesse fazê-la, eu teria de aliviar o peso: retirar utensílios "domésticos" e esvaziar os tanques de combustível e de água para deixá-lo o mais leve possível. Além disso, minhas velas surradas não eram páreo para as de kevlar e carbono utilizadas nas embarcações de competição. Mas, como algumas tripulações já haviam chegado para a regata, tinha confiança de que iria conseguir embarcar em algum veleiro. E assim foi.

Fiquei amigo de uma tripulação que me convidou para correr. Aceitei na hora e, numa das viagens de carro que fiz ao centro com meus novos amigos, um deles perguntou por que eu estava dando a volta ao mundo e por que o fazia sozinho. Por mais que me esforçasse, não conseguia responder a essa pergunta. Afinal, não era apenas pelo prazer de velejar, para conhecer outras culturas ou para estabelecer algum ridículo recorde pessoal. Durante todo o resto da viagem, me fiz essa pergunta sem conseguir uma resposta que me convencesse. E assim seria até pouco antes da minha chegada ao Brasil.

A regata foi bem ruinzinha, com pouco vento e muitas brigas a bordo. O capitão ficou doente e não pôde comparecer, mas liberou a embarcação para que a tripulação participasse. Ao embarcar, perguntei quem seria o capitão e fui informado de que não haveria alguém na função. Começou mal. Dali para a frente piorou, com a tripulação disputando entre si o comando do barco.

Aquela situação não apenas provava a importância de se ter um capitão liderando a tripulação, como também explicava, parcialmente, minha preferência por travessias sozinho ou com tripulação reduzida. Aliás, depois da viagem, passei a usar essa experiência em palestras sobre liderança – em especial sobre o efeito da falta de liderança em qualquer tipo de atividade.

Cheguei da regata e me mandei de Le Port para Saint-Pierre, linda cidade do outro lado da La Réunion. A viagem demorou mais do que eu esperava, pois tive que navegar contra o vento e com uma corrente forte, que vinha na direção contrária e ficava cada vez mais forte à medida que a profundidade aumentava e eu me afastava da costa de La Réunion. Lembrou as velejadas em Ilhabela, em dias de regata no canal. Foi uma velejada desgastante, com muitos bordos próximos da costa.

Apesar de estar muito mais próximo da África do que de Paris, Saint-Pierre é uma vila francesa com ruas estreitas, lojinhas, ótimos restaurantes, gente falando francês e Citroëns antigos circulando pelas ruas floridas. Nessa cidade à beira-mar, ondas enormes quebram na entrada da marina e levam ao desespero os comandantes das embarcações que tentam entrar e sair do porto. Mas fazem a alegria dos surfistas que entram e saem dos tubos como se estivessem montados em um *jet ski*.

Na marina eu conheci o Ian, que me ajudou a consertar o guincho da âncora do Bravo, que havia parado de funcionar. O Ian era um francês com cerca de 40 anos que morava num veleiro. Era casado e pai de dois filhos, mas sua família morava em uma casa ali perto. Segundo ele, o relacionamento com a mulher era ótimo, mas não morava com ela e com os filhos porque "a vida está boa demais para arriscar uma mudança".

Naqueles dias, peguei uma gripe forte. Mesmo assim, aceitei o convite para umas "copas" no barco do francês. Fui muito bem recebido em La Réunion. A França tem uma grande tradição náutica, e os habitantes da ilha vivem em contato direto com a natureza. Eles sabem das dificuldades de se atravessar o Índico e respeitam muito os navegadores que se arriscam na travessia. Os barcos ficam encostados no píer, cujo acesso é liberado ao público, que tira fotos e faz perguntas, sempre de forma respeitosa e cordial. Nunca antes tinha visto um francês fazendo esforço para falar inglês.

A vida andava "boa demais", como dizia o meu novo amigo. Por outro lado, a saudade das "minas de Sampa" chegava a doer. Quando estava em terra firme, falava regularmente pelo Skype com Carol, Marina e Sofia. As marinas com boa rede wi-fi permitiam que eu acessasse a internet dentro do barco. Mas a conversa nem sempre era boa, pois a distância e a qualidade da conexão dificultavam a comunicação, principalmente com as meninas, que ficavam impacientes com os *delays* do Skype.

Nessa altura da viagem, Carol tinha tomado de vez as rédeas da família. Sofia ainda acordava três vezes durante a noite para mamar. Entre uma e outra crise de sono, Carol conseguia encontrar tempo para suas atividades, para encontrar e viajar com os amigos. Demorei algum tempo para entender que também ela estava enfrentando um grande desafio pessoal, de cuidar das filhas sem a ajuda do pai – mas Carol nunca condenou a minha escolha.

CAPÍTULO 17
A mãe de todas as tempestades

Parti de Saint-Pierre sabendo que a travessia até a África seria provavelmente uma das mais difíceis. Livros e amigos alertavam para as terríveis condições que deveria encontrar nesse trecho. Mesmo os mais experientes, que se preparavam para seguir em direção à África, estavam ansiosos e preocupados com o percurso.

A maior parte dos barcos que partiam de La Réunion seguia para Durban, um porto da África do Sul que fica na região Nordeste do país. E, uma vez em Durban, os veleiros esperam uma janela de bom tempo para seguir rumo a Port Elizabeth, ao sul, cidade mais próxima do meu rumo desejado a caminho de casa.

Depois de muito pensar e de noites sem dormir, acabei optando por fazer as duas travessias (La Réunion - Durban e Durban - Port Elizabeth) numa só. Ou seja, seguiria direto de La Réunion para Port Elizabeth, evitando me aproximar demais da região sul de Madagascar.

Não fosse o problema com o leme e a pirataria no nordeste do continente africano, poderia ter evitado esse trecho que tanto me preocupava. Se tivesse optado por uma rota via Sea Shales, costeando o leste da África, poderia me abrigar das tempestades que se formam na região cada vez que entra uma frente fria mais violenta.

Infelizmente, essa opção de navegação mais segura representava um risco maior de me deparar com piratas que assolam a região. Agora, porém, não haveria como evitar esse trecho que tanto preocupa quem pretende contornar o Cabo da Boa Esperança, também conhecido como Cabo das Tormentas – que separa o Oceano Índico do Atlântico. Esperava uma travessia de pelo menos duas semanas, em mar aberto e sem abrigo contra as tempestades constantes que assolam aquela região. Estava, portanto, preparado para o pior.

A primeira parte da minha estratégia foi navegar em direção ao sul de La Réunion, passando bem longe do extremo sul de Madagascar, onde a plataforma continental avança mais de 100 milhas sobre o Oceano Índico. A pouca profundidade e o encontro das correntes transformam esse trecho num caldeirão de água, fazendo o mar crescer de forma desencontrada, com ondas grandes que vêm de todas as direções e ventos fortes que sopram de sudeste, nordeste e, principalmente, noroeste.

No primeiro dia, um ótimo vento me afastou rapidamente de La Réunion. O barco navegava a 9 nós, com todas as velas abertas. Caiu a noite e o vento se manteve constante, com mar calmo. No fim da tarde, recebi a visita de uma baleia que devia ser do tamanho do Bravo, que subiu para respirar e dar uma olhada na superfície antes de seguir o seu caminho. Fui deslizando pela noite estrelada. Chegou a madrugada e o vento se despediu, obrigando-me a ligar o motor. Estava com o tanque cheio de combustível e ainda tinha mais de 200 litros armazenados em galões fortemente amarrados no convés. Podia me dar ao luxo de não ficar boiando à espera da volta do vento. Segui a motor no meu caminho para Port Elizabeth.

O vento começou a soprar no segundo dia e continuou aumentando no terceiro – 20, 30, 40, 50 nós. Fui reduzindo o tamanho das velas para manter o barco equilibrado. As ondas grandes de mais de seis metros que quebraram pela popa, empurrando o barco para a frente e para baixo na descida da onda, não chegavam a ser um problema. Mas, ao chegar ao paralelo 29, a sudeste de Madagascar, o mar virou um inferno! De vez em quando, uma onda perdida vinha de outra direção, quebrando no costado e empurrando o Bravo não mais para a frente, mas para o lado. As ondas se chocavam e formavam montanhas de água em forma de pirâmides que atacavam o barco nos ângulos mais inesperados.

Estava acordado havia bastante tempo e precisava dormir um pouco, apesar do mau tempo. Eram 3 horas da madrugada e estava descansando dentro da cabine, com o barco sendo conduzido pelo leme de vento, mantendo um rumo constante em relação à direção do vento e das ondas. Até que um estouro muito forte me acordou. Havia capotado, como relatei no início deste livro.

Ondas grandes não representam necessariamente um perigo quando o mar está ordenado, quando a sequência de ondas é previsível, vindo sempre na mesma direção. Mas num mar desordenado como o que estava enfrentando, além de gigantescas, as ondas se tornavam imprevisíveis.

O fato é que eu nunca havia visto ondas tão grandes. Os toldos haviam sido arrancados, duas das três pás do gerador eólico (o cata-vento que fica na popa) tinham sumido. Os tanques de combustível foram varridos do convés e se perderam no mar. Apesar de tudo, o mastro continuava de pé.

Olhando o tamanho das ondas e a força do vento, deduzi que o barco estava navegando bem adernado. Até que uma onda traiçoeira atingiu o costado do Bravo, fazendo com que ele deitasse no mar.

No interior do barco as madeiras do assoalho estavam flutuando e a bomba de água trabalhava sem parar. Imediatamente me lembrei do episódio ocorrido em Fiji (exatamente um ano atrás), quando o Bravo bateu num recife. A grande diferença era que, em Fiji, eu estava a poucos metros da marina, as águas eram rasas, o mar estava calmo e o vento fraco. Agora, estava no meio do Oceano Índico, a três dias de terra firme, no meio da maior tempestade da minha vida, cercado por ondas do tamanho de prédios.

Faltava explicar o barulho que me despertou. Afinal, o mastro continuava de pé. O que teria acontecido?

Peguei uma lanterna e fui fazer uma inspeção no casco, à procura do furo por onde a água poderia estar entrando. Aquela sopa de coisas flutuando já cobria os meus pés, dificultando a visão. Não conseguia identificar nenhuma avaria no casco. O Bravo deve ter inclinado uns 80 graus, fazendo com que muita água entrasse pela gaiuta, mas a inundação era imensa para o curto espaço de tempo em que o barco ficou tombado. Além disso, o barulho da explosão e o fato de que o barco freia bruscamente quando capota me fizeram pensar que tinha batido num contêiner ou numa baleia, e que estava afundando.

Abaixei totalmente a vela mestra, amarrando-a bem forte na retranca. A veleta do leme de vento se quebrou pela força do vento (ou da água, nunca saberei) e o barco estava desgovernado. Então, peguei uma veleta reserva e fiz a substituição, ganhando direção novamente.

Voltei à tarefa de procurar algum buraco no casco. Enquanto buscava a resposta, num momento de lucidez, resolvi experimentar a água. Dei um grito de alívio ao perceber que era salobra! Era a resposta que estava procurando. Aquela água era uma mistura da água do mar, que entrou durante o incidente, e os mais de 200 litros de água doce de um dos tanques, que não aguentou a pressão e estourou na parte superior, onde fica a tampa de inspeção. O barulho que ouvi, portanto, era da tampa se rompendo e liberando a água contida no tanque, debaixo da minha cama.

A notícia me deixou animado. Em poucos minutos já não havia água dentro da cabine, e a bomba parou de funcionar (normalmente ela liga e desliga automaticamente). Mas dentro da cabine ainda reinava o caos. Tudo molhado e todo tipo de objeto esparramado pelos cantos mais absurdos: facas no teto, moedas na cozinha, panelas na cama, cebolas no porão – enfim, uma zona total! Estava com a adrenalina tão alta que passei a madrugada arrumando a bagunça que ficou na cabine após a capotagem.

O combustível que ainda restava era o que estava no tanque, pois os galões haviam sumido no mar. Instrumentos de navegação, piloto automático e motor pararam de funcionar e, como o gerador eólico também havia sido danificado, não tinha como carregar as baterias. Precisava economizar o pouco de energia que restava para acender as luzes de navegação à noite. Então desliguei a geladeira e segui meu caminho para Port Elizabeth contando apenas com velas e um GPS manual. Não era o fim do mundo. Afinal de contas, conheci muitos velejadores (principalmente os mais velhos e experientes) que navegam o mundo todo assim – e muitos deles não levam nem GPS, apenas um sextante, aquele instrumento mecânico que mede a distância angular entre um astro e a linha do horizonte, utilizado para calcular a posição das embarcações antes da invenção do GPS.

As placas solares ainda funcionavam e, apesar do vento forte, no quarto dia de viagem o sol resolveu dar as caras, me presenteando com alguns amperes extras nas minhas baterias. No quinto dia, no entanto, o vento simplesmente acabou. Lá era assim: oito ou oitenta. Mas até que foi bom. Pude descansar e colocar tudo para secar do lado de fora.

Dei uma bela arrumada no interior do barco e consegui fazer o motor funcionar. Porém, como tinha pouco combustível, deixei desligado. Minhas baterias estavam carregadas graças ao painel solar e ao consumo nulo, pois não liguei a geladeira. Mesmo o fato de os instrumentos não funcionarem, apesar de ser um contratempo, ajudou a economizar mais alguns amperes. A vida estava voltando ao normal.

No dia 10 de outubro foi o aniversário da Marina. Liguei para casa pelo telefone satelital e falei com ela: "Oi, papai, você está vindo para cá?". Engoli o choro e falei que sim, que dali a algumas semanas estaria em casa e que lamentava não estar com ela no dia de seu aniversário.

Mas o momento de descanso em alto-mar durou pouco. Após uma semana de viagem, ainda faltavam mais de 800 milhas para chegar ao meu destino. Quando o vento começou a apertar, fiquei feliz. O vento já soprava forte de nordeste e as ondas de quatro metros estavam de volta. Naveguei dia e noite com vento de uns 30 nós, que me empurrava na direção certa.

O dia seguinte amanheceu nublado, e o vento sumiu. Pela previsão do tempo, uma nova frente fria deveria chegar em breve, e o Pedrão mandou avisar: "Prepare-se porque essa vai ser pior do que a última". Tinha combustível suficiente para 50 horas de motor e, naquele momento, ainda faltavam umas 60 horas para chegar. Havia tido um bom avanço e, depois de fazer algumas contas, decidi ligar o motor, que funcionou o dia inteiro.

Na outra manhã, uma faixa preta se formou no horizonte, a sudoeste. Não havia dúvida de que era a frente fria chegando com tudo. Eu tinha entre 30 minutos e uma hora para preparar o barco para a tempestade que se aproximava. Dessa vez, baixei a mestra completamente e fiquei só com um pedacinho de genoa exposta ao vento. Uma opção ultraconservadora, mas era melhor assim, pois é sempre mais fácil ter de desenrolar um pouco mais de vela do que ter que reduzi-la no meio da tempestade.

Aquela faixa preta avançava em minha direção e, à medida que se aproximava, o vento e minha ansiedade aumentavam. Até que ela finalmente entrou. Não tinha mais instrumentos de navegação, mas estimo que, quando a frente chegou, o vento deveria estar soprando a mais de 50 nós. Como era de se esperar, as ondas também cresceram, vindas na mesma direção do vento, ou seja, bem de proa. Essa situação forçou uma alteração no meu percurso, pois não poderia encarar aquele temporal de frente. Passei a navegar mais para o sul. Mas, como estava sem mestra, era difícil equilibrar o barco, que relutava em manter o rumo apenas com o auxílio do leme de vento (é nessas horas que o piloto automático faz falta). Fiquei no leme a tarde inteira e, quando já não aguentava mais o frio e o vento, enrolei o restante da vela de proa, amarrei o leme com elásticos e fui dormir.

Naquela noite, escrevi em meu diário de bordo: "Noite de medo até conseguir estabilizar o barco. Ventania fortíssima com ondas e *spray* no ar. Muito frio, impossível ficar no cockpit sem os agasalhos impermeáveis e gorro. Mesmo assim, o frio era intenso. Relâmpagos no céu, e o Bravo também tremeu".

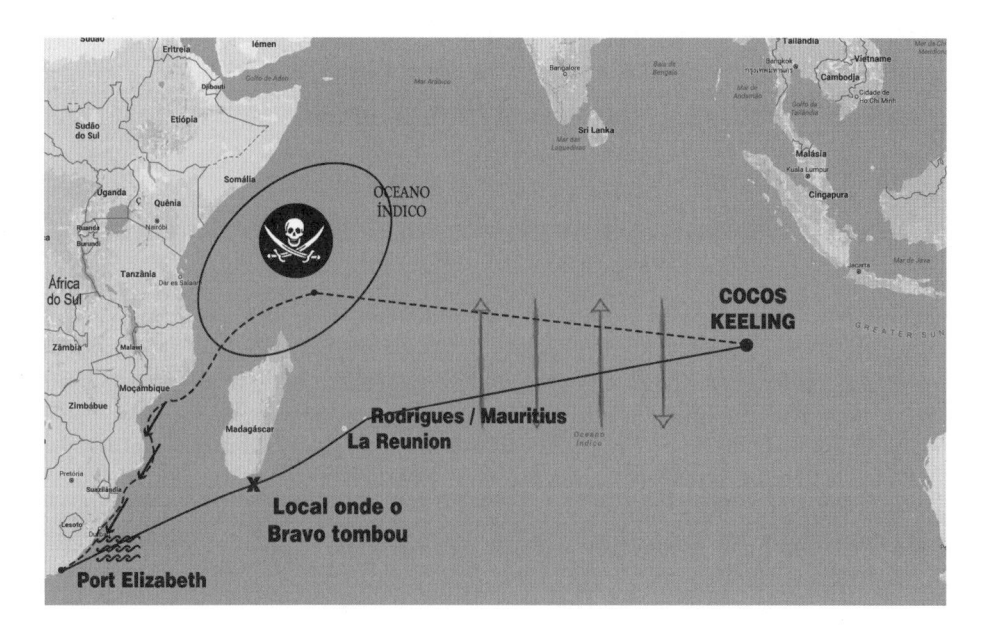

≈≈≈ Freak waves ou ondas descomunais que se formam nas proximidades da costa sudeste da África
-- Rota mais segura do ponto de vista meteorológico
— Rota mais desafiadora e perigosa devido às condições climáticas, porém mais segura por não ter piratas no caminho
↓↑ Ventos de monções – sopram do norte ou do sul
↙ Corrente das Agulhas

Estava me aproximando da corrente das Agulhas, que desce de norte para o sul, aumentando à medida que chegava perto da costa da África. Depois de ter deixado Madagascar para trás, era importante ter uma estratégia clara para atravessar essa corrente. Ela se forma em Moçambique, mais ao norte, entre a costa africana e a ilha de Madagascar. É a corrente mais forte do mundo; desce colada na costa africana, acompanhando o relevo do fundo do mar, e seu ponto crítico acontece na superfície, onde a profundidade chega a 200 metros (chamada de linha isobática de 200 metros). Ali, a corrente pode chegar a 6 nós de velocidade.

A travessia da corrente das Agulhas, entre Durban e Port Elizabeth, é provavelmente um dos lugares mais perigosos do mundo para a navegação. Quando o vento está de nordeste ou sudeste (bom tempo), a corrente não representa perigo. Mas, quando a frente fria entra e o vento ronda para sudoeste, aí a coisa fica feia. Pois, com vento soprando na direção contrária da corrente, grandes ondas se formam. São chamadas de *freak waves* ou ondas de tamanho descomunal, que podem chegar a 20 metros de altura.

Por causa desse fenômeno, a guarda costeira sul-africana é uma das melhores do mundo – sua meteorologia faz *reports* constantes, avisando da situação das frentes frias. Nessas condições, o procedimento é o mesmo tanto para pequenos veleiros como para grandes navios de carga (há registros de petroleiros que foram partidos ao meio, já que, ao contrário dos pequenos barcos, eles não conseguem subir e descer as ondas): afastar-se da corrente imediatamente, seguindo para alto-mar ou para águas mais rasas próximas à costa. Era preciso, então, ficar de olho na previsão do tempo e somente atravessar a corrente quando a previsão fosse favorável.

Regata contra o tempo

No dia 15 de outubro, eu ainda estava a 400 milhas de Port Elizabeth e a 245 milhas da temida corrente das Agulhas. Portanto, apesar do sudoeste estar soprando forte, eu precisava me aproximar mais da corrente para poder atravessar assim que uma janela se abrisse. Segundo a previsão, eu deveria ter uma oportunidade de atravessar entre os dias 16 e 18 de outubro, sendo que no dia 19 o vento deveria virar novamente para sudoeste, trazendo uma nova frente fria. A partir daquele momento, começou uma corrida contra o tempo, ou melhor, contra a frente fria, para ver quem chegaria primeiro na corrente das Agulhas, a 20 milhas de Port Elizabeth, o meu destino.

Conforme previsto, o vento diminuiu, virando para sudeste com uma intensidade de aproximadamente 20 nós. Um vento feito para o Bravo. Subi todas as velas e o Bravo acelerou, provando que é um barco rápido. Fazia entre 7 e 8 nós de velocidade. A previsão para o dia seguinte mantinha o tempo estável até o dia 19. Estava ganhando a regata! Se continuasse assim, chegaria à altura da corrente no dia 18.

Durante a tarde, o vento apertou mais um pouco e o Bravo, com todas as velas em cima, respondeu e chegou a fazer 14 nós na descida de uma onda grande. Foi o recorde do Bravo, que planava feito um laser. Provavelmente estava com mais vela do que o necessário, mas precisava atravessar a corrente antes da chegada da próxima frente fria, ou teria que esperar mais três dias até a próxima janela se abrir.

Naquela velocidade, estava "dando de lavada" no mau tempo e decidi que era hora de reduzir o pano. Fiz um rizo na mestra e reduzi um pouco o tamanho da genoa. A velocidade se estabilizou em 8 nós, que era mais do que suficiente para chegar a tempo.

Mas o Oceano Índico é completamente imprevisível, e as condições meteorológicas mudam numa velocidade estonteante. Checava a previsão do tempo uma vez por dia. No dia seguinte, quando entrei no sistema para pegar uma atualização, a surpresa: a frente fria havia aberto todas as suas velas e deveria chegar a Agulhas no dia 18 de outubro, um dia antes do previsto.

Eu ainda estava na frente, mas não muito, pois, graças à boa performance do dia anterior, agora deveria chegar a Agulhas na tarde daquele mesmo 17 de outubro. À medida que o fundo ia ficando mais raso, os efeitos da corrente ficavam mais óbvios. A 1.000 metros de profundidade, minha deriva[29] para o sul já era de 20 graus. A 500 metros, a deriva aumentou para 30 graus e o mar ficou muito alto. Finalmente, quando estava entre 300 e 200 metros de profundidade, no pico da corrente, minha deriva era de mais de 40 graus e o mar virou um inferno, com ondas "triangulares" que quebravam com força.

Era perigoso deixar o barco no leme de vento. Ondas muito grandes e cavadas vinham tanto de sul e sudeste como de leste e representavam uma verdadeira ameaça ao Bravo, que nessa altura navegava com o terceiro rizo e com uns 40% da área da genoa. Fiquei no leme durante todo o tempo, e, conforme a profundidade continuava a cair, as ondas foram

---

29 Desvio de rota de embarcação em decorrência de correntes marítimas ou de vento.

diminuindo até ficar num tamanho aceitável, me deixando confortável para, finalmente, colocar o leme de vento, descansar e comer alguma coisa. Apesar da proximidade da costa, não conseguia ver nada, pois a frente fria cruzou a linha de chegada logo depois de mim e trouxe com ela uma névoa que não me permitia ver o continente africano. Somente quando anoiteceu é que pude ver as luzes em terra e realmente ter certeza de que estava chegando. Quando enxerguei as luzes, achei que a briga tinha terminado. Que nada! O sudoeste entrou com tudo, soprando contra meu rumo e fazendo o mar subir também na direção contrária.

Mesmo com o motor a 3 mil giros, não conseguia vencer a corrente e o vento. Avançava a míseros 2 nós, sendo que, quando a onda batia de frente, o barco parava completamente. Tive de ficar no leme por mais oito horas, pois o leme de vento não funciona quando estamos a motor. Estava congelando de frio e, a cada onda que batia na proa e freava o barco, eu xingava o Oceano Índico e toda sua família com os piores palavrões que se possa imaginar.

Entrei de madrugada na marina de Port Elizabeth, com um vento fortíssimo de aproximadamente 50 nós. Mas, devido às condições climáticas, era impossível amarrar o barco. Então joguei a âncora, soltei todos os 40 metros de corrente grossa e dei mais uns 20 metros de cabo. O barco alinhou com o vento e a âncora firmou. Às 5 horas consegui ir para a cama, numa exaustão indescritível, depois de quase dois dias sem dormir.

Ao acordar, fiquei sabendo que o barco Angelique (veleiro de 53 pés), que saiu comigo de La Réunion, ainda não havia chegado. Fiquei bastante preocupado, pois eles saíram alguns dias antes de mim. Enfrentaram a mesma tempestade que eu, ao sul de Madagascar, mas ninguém tinha notícias deles. Nosso último contato fora há mais de dez dias, quando eles relataram um problema com o leme e que estavam sem energia a bordo. Pediram informações sobre o tempo, que mandei todos os dias, mas nunca obtive resposta.

O Merchant (barco de 37 pés), dos tripulantes sexagenários John e Lesly, que saiu uma semana antes de mim de La Réunion, também com destino a Port Elizabeth, só deu notícias semanas depois da minha chegada. Haviam atingido Durban depois de uma travessia muito dura, de quase um mês – felizmente, o Angelique estava com eles. Mas ambos ainda precisariam descer toda a costa leste da África para chegar a Port Elizabeth.

A conclusão é que eu não podia reclamar. Apesar dos apertos por que passei, havia feito um trajeto muito mais rápido ao optar por não fazer escala em Durban. O Oceano Índico realmente não é brincadeira. Havia poucas travessias boas desde que saíra do Pacífico, e estava feliz com a perspectiva de voltar ao meu querido Atlântico.

Apesar do vento forte, no dia seguinte à minha chegada consegui encostar o Bravo no píer de Port Elizabeth. Precisei da assistência de alguns marinheiros que estavam por ali, pois era praticamente impossível manobrar o barco sozinho naquelas condições. O vento não dava trégua, e os barcos ameaçavam subir em cima do píer flutuante por causa das ondas.

Era uma marina apenas para veleiros, com um restaurante no mezanino e um pátio para reformas e trabalhos no seco. Depois de alguns dias à base de cerveja, carne de avestruz e muita cama, estava com as energias renovadas. Tinha muito trabalho a fazer, preparei uma lista e fui às compras. Numa loja náutica, onde entrei à procura de uma antena de GPS, não encontrava o vendedor e abordei um espanhol que fuçava uma gôndola. Era Miguel. Ele nunca tinha utilizado um GPS para navegar, apesar de viver havia quase 30 anos embarcado. Estava na mesma marina que eu, preparando o seu terceiro barco (pois já havia afundado dois) para a travessia do Atlântico. Seu último barco afundou naquela mesma marina, numa das grandes tempestades que constantemente castigam a região das proximidades do Cabo da Boa Esperança (por tudo que vi e vivi, deveria adotar de vez o apelido alternativo de Cabo das Tormentas).

Miguel trabalhava em seu barco, de apenas 28 pés. A bordo, não havia instrumentos eletrônicos e a navegação era feita como antigamente, com sextante. Eu convidava o Miguel para comer no clube, e ele me convidava para comer frango com gengibre em seu barco. Em nossas conversas, contou que, antes de sair para uma travessia longa, comprava um saco de arroz e muito material de pesca. Pescava muito durante os percursos e secava ao sol uma grande parte do que capturava. Esse peixe salgado servia de complemento para o arroz e alguns enlatados. O motor de popa impulsionava seu barco na entrada e na saída dos portos, mas o percurso era todo feito a vela – de modo que ele chegou a ficar semanas boiando em calmarias, sem sair do lugar, vivendo num espaço diminuto e comendo arroz e peixe seco. Miguel não chegava a 1,60 metro de altura, tinha barba e cabelos grisalhos igualmente desgrenhados, andava de crocs e sempre vestia a mesma roupa – parecia um Hobbit.

Miguel tinha um temperamento forte, era orgulhoso, controverso, e defendia a resistência armada do ETA (grupo separatista basco da Espanha). A marina de Port Elizabeth, aliás, parecia um asilo de velejadores, alguns com convicções políticas, digamos, "radicais". Vizinho ao alegre casal de avós que morava num veleiro entulhado de coisas havia outro barco – antigo, sujo e cheio de tralhas – em que morava um velho que tocava hinos nazistas em todo aniversário de morte de Hitler.

Essas posturas políticas extremistas não soam estranho na África do Sul, onde a tensão racial ainda é muito forte, com brancos e negros se esbarrando em preconceitos e intolerância em ambos os lados. No táxi, a caminho de uma marcenaria para fazer algumas compras básicas, passei por uma enorme favela lotada de negros, um gueto remanescente da época do Apartheid. Durante anos, os negros foram proibidos de sair às ruas durante a noite e de frequentar os mesmos espaços que os brancos. E, numa forma velada de segregação, as escolas públicas só aceitavam alunos que estivessem vestidos de uniforme. Como os uniformes não eram cedidos pela escola, os filhos de famílias mais pobres, que não tinham como adquiri-los, não podiam estudar. Uma exclusão econômica que era também racial, já que os membros mais abastados da comunidade branca contribuíam para associações que doavam uniformes às famílias desfavorecidas, mas apenas para as crianças brancas.

Por essas razões históricas, políticas e econômicas, a mão de obra negra não é qualificada, enquanto a branca é hiperqualificada. Em 1994, após a vitória do líder negro Nelson Mandela nas eleições multirraciais para a presidência da África do Sul, o governo estipulou cotas para negros sem qualificação profissional, levando a minoria branca do país a criticar a má qualidade dos serviços públicos e, por extensão, o sistema de cotas. A situação é complicada, mas, por sorte, as gerações mais jovens são um pouco mais abertas.

A África do Sul é um país lindíssimo, principalmente nas proximidades da Cidade do Cabo. Mas há sempre certa tensão no ar por causa do passado segregacionista do Apartheid, o que não me impediu de ter um dos encontros mais marcantes da viagem: Ana Wolf, uma senhora com grossa trança de cabelos brancos, me recebeu no píer de Hout Bay, a umas 100 milhas de Port Elizabeth e bem próximo à Cidade do Cabo. Ana é uma sul-africana de mais de 50 anos, que morava num dos veleiros atracados na marina. Anos atrás, ela saiu para dar a volta ao mundo com o marido e com suas duas filhas gêmeas, que ainda eram bem pequenas. Mas, ao chegar à Venezuela, o casal se separou, vendeu o barco e o marido voltou para Amsterdã levando consigo as duas crianças.

Ela decidiu, então, construir um novo barco e soldou cada uma das chapas de seu veleiro de aço de 34 pés. Por dentro o barco é rústico, mas muito bonito, com várias plantas, inclusive uma trepadeira enroscada na parte do mastro que fica dentro da cabine. Cultíssima, tem uma coleção incrível de livros, dispostos em estantes que ocupavam ambos os lados da cabine, habitada também por um gato, seu único "tripulante". Naquele barco sem motor Ana atravessou o Atlântico sozinha e foi em busca das filhas. Depois do "resgate", casou de novo com o ex-marido, mas resolveu voltar para a América do Sul. Velejou até o Caribe, passou por Brasil e Argentina, depois atravessou novamente o Oceano Atlântico, numa rota bem ao sul, que passa por Tristão da Cunha (nas proximidades da Antártida), com destino à África do Sul.

Descendente de holandeses, magra, esguia e de ombros largos, Ana deve ter sido deslumbrante na juventude – e ainda era linda em sua idade e com sua trança de cabelos brancos. Sempre descalça, vivia de fazer toldos e reparos em velas com a máquina de costura que tinha a bordo. Incrível como ela conseguia costurar velas grandes num espaço tão pequeno como a cabine de 34 pés. Encomendei a ela o reparo de um toldo que rasgou-se durante a capotagem, antes de chegar ao continente africano. E foi por meio de Ana que conheci o restante da turma de velejadores que moravam embarcados em Hout Bay.

Festa de aniversário em Sampa

Poucos dias depois de chegar a Hout Bay, peguei um voo para São Paulo e fui comemorar meu aniversário com a família e os amigos. Estava havia vários meses fora de casa, e todos nós sentíamos muita saudade. Fomos com alguns amigos a uma boate. Foi um choque estar rodeado de tanta gente, num espaço fechado e tão barulhento como aquele. Aliás, algumas coisas que antes passavam despercebidas começaram a me incomodar – principalmente o alto grau de dependência das pessoas da cidade, que não têm aptidão nem interesse para trocar uma lâmpada. A quantidade de roupas no meu armário também me parecia desnecessária (pudera, vivendo num barco, não precisava de muita roupa e a vaidade simplesmente inexistia).

Fiquei poucos dias na capital paulista. Despedi-me das meninas mais uma vez – agora a última –, peguei meu voo em Guarulhos e voltei com o coração leve para a África do Sul. A última travessia da viagem começaria tão logo o barco estivesse pronto. Ainda precisava consertar o tanque de água e o carregador de baterias, além de comprar veletas novas para o leme de vento, costurar os toldos, modificar e instalar a retranca, o garlindéu[30], abastecer o Bravo com 450 litros de combustível, 450 litros de água e, *last but not least*, comida.

A lista não parava de crescer: era só eu riscar um item e apareciam outros dois – desmontar as catracas, limpar o fundo, subir no mastro e por aí vai, o que não seria um problema e motivo de preocupação se não tivesse prometido para Marina que estaria de volta antes do Natal. Ao chegar à Cidade do Cabo, em 15 de novembro, vi que a maioria dos serviços que havia encomendado a terceiros não tinha sido executada, por isso teria que trabalhar muito para cumprir o compromisso.

A travessia do Oceano Atlântico tem 3.800 milhas, ou 7.000 km. A velocidade média do Bravo precisaria ser superior a 5,83 milhas por hora para que pudesse chegar antes do dia 25 de dezembro. A quantidade de milhas que uma embarcação percorre num dia é chamada de singradura, e essa informação é muito importante no planejamento de uma travessia. Graças ao cálculo dessa média, pode-se estimar a data de chegada e acompanhar o desempenho do barco fazendo as alterações necessárias tanto no rumo quanto nas velas. Com um cálculo grosseiro, descobri que a minha singradura média durante todas as 25.000 milhas da viagem ao redor do mundo até então foi de 145 milhas por dia, ou seja, uma velocidade média de 6,07 milhas por hora. Essa velocidade média de meu histórico era 4% superior à velocidade mínima que precisaria desenvolver.

Era apertado. Para tentar bater Papai Noel, precisaria navegar mais rápido ou diminuir o tamanho do percurso, já que minha rota entre a Cidade do Cabo e Ilhabela não era uma linha reta, mas sim uma parábola: saindo do paralelo 35, onde fica a África do Sul, subiria até o paralelo 18 (próximo à Ilha de Santa Helena, onde Napoleão ficou preso) e finalmente desceria até o paralelo 23, onde ficam Ubatuba e Ilhabela. Essa rota foi

---

30 Peça articulada feita de aço que fixa a retranca ao mastro.

descoberta pelos portugueses na época das caravelas e foi batizada de "volta do mar". Contornando a área de alta pressão que fica flutuando no Atlântico Sul, o navegador conhecedor da "volta do mar" evita as calmarias que matavam dezenas de marujos na Era dos Descobrimentos.

Ao subir a costa oeste da África, aproveita-se a corrente de Benguela, que vai na mesma direção. Depois, contorna-se o centro de alta pressão, ao redor do qual os ventos giram no sentido anti-horário, empurrando as embarcações em direção à América. Ao chegar às proximidades da costa brasileira, mais ou menos na altura de Salvador, fica fácil descer, aproveitando os bons ventos que geralmente sopram próximo à costa e tirando vantagem da corrente que acompanha a costa brasileira no sentido sudoeste.

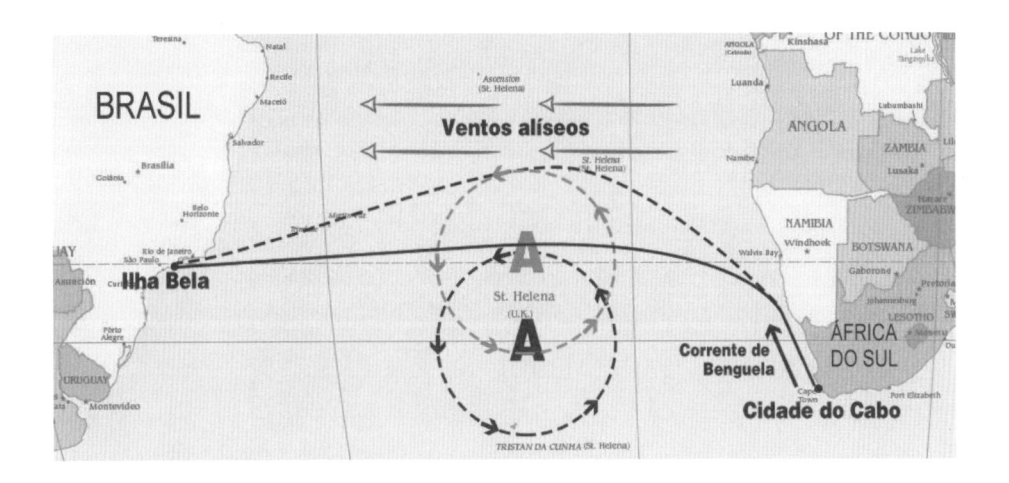

- ◌ Posicionamento habitual do centro de alta pressão no Atlântico Sul
- ◌ Posicionamento do centro de alta pressão
- -- Rota prevista inicialmente
- — Rota da Cidade do Cabo até Ilhabela, aproveitando a corrente de Benguela e contornando o centro de alta pressão, descolado para o sul

Às 6 horas da manhã do dia 28 de novembro de 2010, saí do porto com o dia ensolarado e muito frio, apesar de ser quase verão no hemisfério sul. Um ótimo vento me empurrou em direção a Santa Helena e, logo no primeiro dia, alcancei uma singradura de 193 milhas – isso me deixou muito otimista com a previsão de minha data de chegada, também conhecida como ETA (Estimated Time of Arrival). Essas condições favoráveis se mantiveram pelos primeiros quatro dias, durante os quais cheguei a pensar que poderia estar de volta antes do dia 18 de dezembro.

CAPÍTULO 18
A última travessia

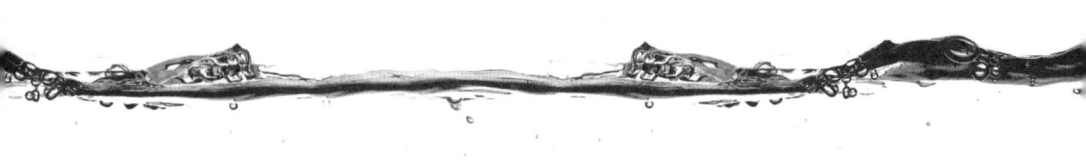

O percurso até Ilhabela era tão longo que, mesmo após quatro dias de navegação e de boa velocidade, a distância da costa africana parecia irrisória no mapa. No dia 2, o vento começou a ficar um pouco mais fraco, soprando a 15 nós, e o Bravo velejava a 7 nós, bem equilibrado no leme de vento e linha de pesca na água – mas nada de peixe no anzol.

Nos dias seguintes, o vento continuou enfraquecendo e meu ETA ia ficando cada vez mais distante: dia 21, 22, 23, 24, 25... 31 – aí já era demais, não aguentei e liguei o motor. Quando o vento soprava um pouquinho mais forte, eu desligava o motor e seguia à vela. Eu vinha acompanhando o deslocamento do centro de alta pressão pelo telefone satelital, que funciona também como um *modem* e me permite baixar os arquivos "gribs" (que são informações meteorológicas geradas por computadores). Foi analisando esses arquivos que me dei conta de que o centro de alta pressão não subia acima do paralelo 24 e isso era uma boa notícia, pois me permitiria fazer um rumo mais direto até Ilhabela, sem precisar me desviar demais para o norte.

Em torno do centro de alta pressão, o vento sopra em sentido anti-horário, mas no centro não há vento. Portanto, quanto mais próximo do centro eu navegava, mais curta ficava a viagem – mas não poderia exagerar na dose, ou ficaria sem vento algum.

A falta de vento foi meu maior inimigo. Meu estoque de combustível estava sendo consumido pelo uso do motor, o que me obrigava a velejar cada vez mais, apesar do baixo desempenho causado pela brisa, que soprava a míseros 7 nós. A partir desse momento, só ligava o motor quando a velocidade baixava dos 4 nós, que representava um ETA para o dia 26/12. Papai Noel estava ganhando, mas não poderia arriscar uma pane seca no meio do Atlântico, pois ainda tinha muita água pela frente. Foi então que meus problemas existenciais (ligar ou não ligar o motor, eis a questão) foram resolvidos da maneira mais simples possível. O motor começou a soltar fumaça e parou – de madrugada, obviamente. Subi as velas, minha velocidade não passava dos 2 nós, e era melhor nem pensar em meu ETA em Ilhabela.

No dia seguinte, acordei cedo e decidi consertar o motor, pois não estava nada a fim de passar o Ano-Novo no meio do Atlântico. Tentei ligar o motor e percebi uma trepidação tão forte que desliguei imediatamente. Peguei minha máscara, mergulhei e confirmei a suspeita. A hélice havia se enroscado numa rede de pesca. Com a ajuda de uma faca, cortei a rede e liberei a hélice. O motor voltou a funcionar.

A milhares de milhas da costa, a cor da água do mar é diferente da que encontramos no litoral: um azul mais escuro, sem qualquer traço do verde que prevalece nas proximidades da costa brasileira. Durante esses dias calmos, costumava jogar um cabo na água e deixar que o Bravo me arrastasse. Aquele azul imenso, sem nada por perto e com um abismo de mais de 2 mil metros sobre o qual eu flutuava, me deixava meio tonto. Apesar da baixa velocidade do barco e de estar segurando firme num cabo bem amarrado, o medo me acompanhava a cada mergulho. A ideia de perder o cabo e ver o Bravo se afastar, me deixando literalmente pelado no meio do oceano, me apavorava – isso fazia com que esses refrescantes banhos fossem muito curtos.

Uma semana após ter deixado a Cidade do Cabo, saí oficialmente do hemisfério leste ao ultrapassar o meridiano de Greenwich. Navegava bem mais para oeste do que havia imaginado originalmente. Meu rumo deixava claro que não tinha a intenção de subir acima do paralelo 20. Essa nova rota, mais curta, me colocava novamente no páreo, mas precisava acelerar para chegar antes do Natal.

Infelizmente os barcos a vela não vêm com acelerador, o pouco vento não ajudava e a direção também não. A brisa entrava pela popa e a única forma de melhorar a velocidade era subir o balão. O inconveniente é que o procedimento de içar, baixar e controlar essa vela gigantesca e desajeitada exige uma tripulação numerosa, pois o Bravo é um barco de regatas e não foi concebido para navegação solitária. Desde minha saída do Pacífico, eu não subira o balão sozinho. O Índico tinha muito vento e seria uma loucura tentar levantar essa vela naquelas condições. Mas ali, no Atlântico, a condição era perfeita. O vento dificilmente passava dos 15 nós. Era um privilégio poder cruzar o Atlântico com essa enorme vela colorida!

O mar tinha poucas ondas e o barco quase não se mexia. Enquanto o leme de vento cuidava do timão, eu cuidava para que ela não murchasse, mantendo a potência e a velocidade do barco, que andava relativamente rápido e no rumo certo. O único problema desse tipo de navegação era que, se o vento aumentasse de repente, eu teria sérios problemas para baixá-la. Por isso, criei alguns limites que precisaria respeitar, não aumentando demais o risco de perder minha vela. Caso o vento passasse dos 15 nós, eu deveria baixar, mas, como meu indicador de vento quebrou durante a capotagem no Oceano Índico, a medição da sua intensidade tinha que ser feita no "olhômetro". A essa altura da viagem, depois de tanto tempo, eu já conseguia entender a meteorologia só de olhar para o céu e tinha total domínio do barco, que era uma extensão de meu corpo, dos meus sentidos.

Por sorte, o tempo estava bem previsível e rajadas mais fortes de vento aconteciam apenas no fim do dia e sempre embaixo de determinadas nuvens chamadas de CBs (Cumulonimbus), que eu já reconhecia com facilidade. Eram rajadas que duravam no máximo 15 minutos, durante os quais o barco acelerava e me fazia sonhar com a chegada cada vez mais próxima.

Já não havia mais sextas ou sábados, apenas dias com vento e dias sem vento. Passava as horas velejando, lendo, fazendo alguma manutenção ou cozinhando. Mais raramente, ouvia música. Outra atividade que desempenhava, mas sem muito afinco, era a pescaria. Precisava pescar para variar um pouco meu cardápio, pois, faltando uma semana para minha chegada, tinha apenas cinco batatas, uma cebola, duas porções de arroz, nove pacotes de macarrão, meio pé de repolho, seis latas de molho de tomate e uma lata de aspargos.

Eu me preparava para recolher a linha de pesca, quando vi um peixe grande rodeando a isca. Acho que era um marlin, que abocanhava minha rapala[31], mas não fisgava. Depois de algumas investidas, ele foi embora, e, quando finalmente recolhi minha linha de pesca, percebi que os três anzóis que lançara ao mar haviam sido destruídos pelo peixe, pois estavam muito enferrujados e quebradiços. Deveria ter checado meu material de pesca antes de partir, mas a ansiedade da partida acabou atrapalhando e tive de me contentar com iguarias como arroz com repolho durante grande parte da travessia.

Na noite do dia 20, estava dormindo dentro da cabine e me aproximava da bacia de Campos quando escutei um assobio agudo. Dava para ouvir tão bem que parecia que o som vinha de dentro do barco. Cheguei a pensar que fosse o rádio VHF, que a qualquer momento começaria a falar em português. Mas, na verdade, o som vinha de uma baleia que nadava a poucos metros do Bravo, e que de vez em quando saía para respirar. Numa dessas saídas, a baleia olhou diretamente nos meus olhos. Foi um espetáculo emocionante (apesar do mau cheiro que ela exalava) e ao mesmo tempo um pouco assustador, porque ela era gigantesca.

No dia seguinte, captei as primeiras transmissões em português. Agora estava realmente próximo. Mais três dias e chegaria a Ilhabela. A corrida contra Papai Noel estava praticamente ganha, pois já tinha combustível suficiente para chegar a meu destino caso precisasse do motor até o fim. Mas tive sorte. O vento continuou soprando até um dia antes da minha chegada – e só então acabou de vez.

A Ilha Vitória, nas proximidades de Ilhabela, foi a primeira terra que avistei após 26 dias no mar. No último deles, aproveitei para deixar a casa em ordem, recolher e içar todas as bandeiras dos países pelos quais passei, numa decoração comemorativa do meu retorno. Ao me aproximar do meu destino, vi dois barcos vindo em minha direção. No bote a motor estavam meu pai, meu irmão, minha irmã e meu cunhado. A bordo do Nomad estava meu grande amigo, Alex Calabria, com quem velejo desde sempre.

---

31 Tipo de isca artificial.

Estávamos nas proximidades da Praia da Fome e meu pai trazia um X-salada para me ajudar a esquecer do arroz e repolho, da batata cozida, do macarrão e outros clássicos da minha culinária não muito inventiva das últimas semanas. Ao chegar ao Iate Clube de Ilhabela, finalmente pude desembarcar e abraçar o único motivo que me fez voltar.

Volta para casa

Os 26 dias de travessia do Atlântico – comparativamente, muito mais tranquila que a travessia do Pacífico e, principalmente, a do Índico – foram momentos de reflexão. O ambiente do mar tinha deixado de ser hostil, em parte por causa das condições de navegação, mas também porque eu aprendi a ter controle das situações. Não tive nenhum momento de preocupação, estava feliz de voltar, mas ao mesmo tempo vivia uma atmosfera de fim de festa, pensava no que iria acontecer dali em diante, em como seria minha vida depois disso tudo. Pensava não apenas no que faria, mas, sobretudo, no que *queria* fazer, qual seria meu próximo grande desafio.

O encontro com a baleia, no fim da travessia, talvez sintetize um pouco minha sensação: foi um dos inúmeros momentos sublimes que experimentei – sublime no sentido da beleza inexprimível (como o encontro com o olhar desse animal pré-histórico). Foram situações vividas solitariamente e, no limite, intransmissíveis – mas que justificam a necessidade de compartilhar a história da minha viagem neste livro. Uma frase de Chris McCandless, do livro *Into the Wild*, de Jon Krakauer, ganhou significado especial após o encontro com aquela baleia: "A felicidade só é verdadeira se for compartilhada".

Estava começando outra aventura, dessa vez sem grandes travessias de barco, mas em casa, com minha família, que fez tanta falta durante tantas milhas. A aventura não apenas de buscar um novo lugar profissional, mas de me encontrar como um profissional diferente daquele lá atrás, de continuar tendo como objetivo a procura por uma vida que me realizasse.

Nesse sentido, voltar para casa foi muito difícil em vários aspectos. Foi difícil voltar a viver em sociedade. Foi difícil voltar a viver em família. Foi difícil voltar a viver numa casa com todas as comodidades. Foi difícil ter um guarda-roupa cheio, vestir uma roupa de trabalho e voltar a ter horários.

Tinha saudade da vida a bordo. Não apenas dos períodos de travessia, quando só se via o mar e o horizonte durante dias a fio, mas também daqueles dias que passava nos portos, ancorado em alguma baía ou amarrado em algum píer. As manutenções, a roupa sempre cheia de graxa e o "sanduba" da lanchonete de um porto qualquer deram lugar a uma roupinha sempre limpa e cheirosa e uma deliciosa comida caseira, graças à qual comecei a recuperar alguns quilos.

Mas o silêncio deu lugar a um constante zum-zum-zum de gente falando, crianças gritando, cachorro latindo e telefone tocando. Estamos todos ocupados ou fingindo estar. Desde que cheguei, não consegui terminar o livro que havia começado a ler no final da última travessia. E reaprendi o significado dos dias da semana e como nosso humor pode variar – vai depender se acordamos numa segunda ou numa sexta-feira. Peixe na peixaria, sol apenas aos sábados e domingos, família e banho todos os dias. Algumas referências de tempo e espaço, como as estrelas e o horizonte, perdem sua importância – e, três meses depois de minha chegada, já não sabia mais para onde ficava o oeste.

Nesse estranhamento em relação aos outros, e dos outros em relação a mim, comecei a perceber que as pessoas dão um valor muito grande a quem é autêntico, e que ser autêntico demanda alguma coragem. Mas só é possível buscar corajosamente a autenticidade se você tiver liberdade para escolher, sabendo que cada escolha tem uma consequência.

No retorno ao Brasil, reiniciei um novo ciclo, trabalhando para poder viajar novamente, mas agora com uma perspectiva interna diferente: quero começar tudo de novo e daqui a alguns anos realizar mais uma viagem. Afinal, eu sou um executivo e também um marinheiro.

AGRADECIMENTOS

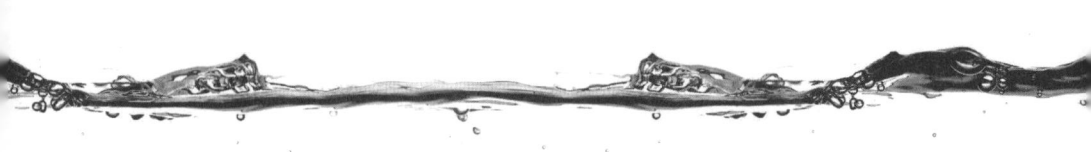

Ao meu pai e à Maria, que me ensinaram a não desistir e nem acreditar em limitações.

Ao meu marinheiro André (Salazar) e a todos os profissionais de Ubatuba pelo trabalho incessante antes da partida.

Ao Rafael Terentin, Ramiro Eli (meu irmão), Adriano Lavezzo, Thomas Sales, Carla Zaccagnini, Marcio Svartman e Carlos Delgado, com quem compartilhei muitos dos momentos mais especiais da minha vida, alguns deles muito prazerosos; outros, de grandes dificuldades, mas todos sempre intensos.

Agradeço também aos amigos Alex Calabria e Pedro Fukui que não embarcaram, mas me apoiaram em terra com análises de informações meteorológicas, discussões sobre estratégias e rotas para fugir de calmarias e tempestades.

Ao Wally Pye, por me mostrar uma rota possível através do trabalho árduo e comprometido, e ao Heber Cardoso, por me ajudar a iniciar um novo ciclo profissional e a sonhar com novas viagens num futuro próximo.

À Ariane Abdallah Cotrim, pessoa de sensibilidade e talento sem par que me ajudou a organizar as ideias e pôr no papel o que estava na cabeça.

E, finalmente, a todos os navegadores malucos, ou não, que dedicaram parte de seu tempo para escrever livros como este, com histórias que povoam minha imaginação há anos e que são o combustível da minha vida até os dias de hoje.

Chegada a Ilhabela

Navegando sozinho

Bravo ao fundo em Rangiroa

Amigos navegadores do mundo

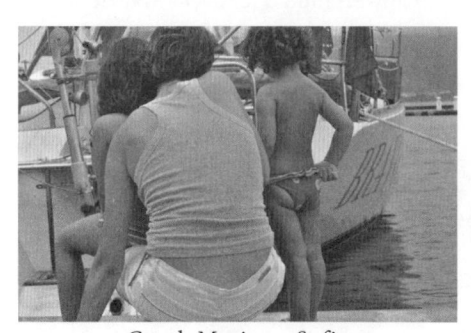

Carol, Marina e Sofia

Pescaria no Pacífico com Adriano

Marina encontra a carta do papai numa garrafa

Tempestade em alto-mar

Com Sofia e Marina no Bravo

Consertando o leme em Maurício

Com Marcio pouco antes da chegada a Fiji

Mercado de Vanuatu

Desencalhando uma baleia em Abrolhos

Praia de Cocos

Interior da cabine durante o
resgate do Bravo em Fiji

Interior da cabine após a restauração
do Bravo em Fiji

Bravo ancorado em Fiji após os reparos

De balão rumo ao pôr do sol

Corrida de cabras em
Grenada

Sushi em família no Caribe

Rabeta e hélice danificadas após o acidente em Fiji

Carla, Thomas e as compras no Panamá

Chegada a Ubatuba

Corte de cabelo por conta própria

Entrada em Rangiroa

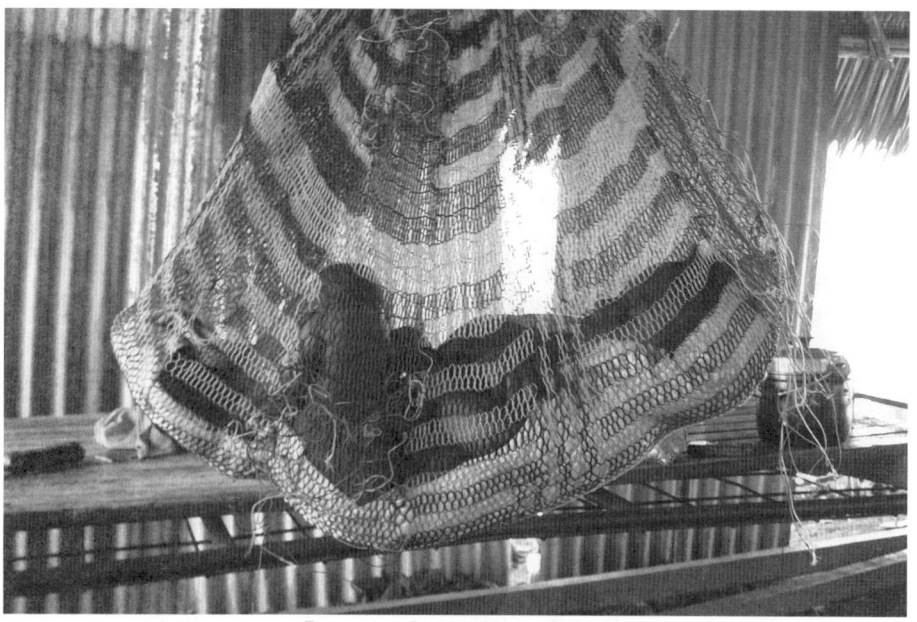

Berço em Papua-Nova Guiné

Pesqueiros em Maurício

Yacht Club de Bora Bora

Sofia aprendendo a andar

Berço da Sofia a bordo do Bravo

Com meu pai na chegada após atravessar o Atlântico

Catando coco na ilha do lixo com Adriano

Marina fantasiada de sereia Ariel

Com um cágado em Galápagos

Cabeça de bode à venda

MATIAS ELI

Mergulho com focas em Galápagos

Um dia comum no Oceano Índico

Bravo ancorado na Austrália

Última parada na África do Sul

Impresso por :

Tel.:11 2769-9056